지독하게

매달려라

지독하게
매달려라

2016년 7월 15일 초판 1쇄 인쇄
2016년 7월 22일 초판 1쇄 발행
2016년 8월 15일 초판 2쇄 발행

지은이 ｜ 이서정
펴낸이 ｜ 김명호
편　집 ｜ 이계원
디자인 ｜ 페이퍼마임
마케팅 ｜ 김미용, 한성호, 이종호
관　리 ｜ 김민정, 안용희
주　소 ｜ 서울시 은평구 은평로 11길 12-11 2층
전　화 ｜ 02)352-3271 02)387-4241
팩　스 ｜ 02)352-3273
이메일 ｜ pullm63@empas.com
등록번호 ｜ 제 311-2004-00002호

ISBN 979-11-87314-17-2 (13320)

잘못된 책은 구입하신 서점에서 바꾸어 드립니다.
이 책은 무단복제를 금하며 책내용을 사용할 때에는 출판사의 허락을 받아야 합니다.

지독하게 매달려라

이서정 지음

절망세대의 희망 프로젝트

PART 1
물고 늘어져야 떨어지지 않는다

당신의 생존무기는 무엇인가 • **14**

물고 늘어져야 떨어지지 않는다 • **19**

진화하지 못하면 도태된다 • **23**

'티끌 모아 태산' 그냥 이뤄지지 않는다 독해야 한다 • **28**

'악착같다'는 것이 나쁘기만 할까 • **33**

우리는 왜 되는 일이 없을까 • **39**

분노가 아니라 분발이다 • **47**

독한 놈이 살아남는다 • **53**

과연 어떻게 독해질까 • **58**

이봐, 해 보기나 했어? • **63**

PART 2
'오늘'을 독하게 살자

독해지고 싶거든 단순해져라 ・68
똑똑한 사람은 똑똑해서 실패한다 ・75
수저계급론이 어찌 운명론이 되게 하랴 ・80
'선택장애'는 젊은이의 질병이다 ・89
내일보다 오늘이 먼저다 ・97
디자인보다 성능이 더 가치가 있다 ・98
앤츠 밀(Ants Mill)에서 벗어나라 ・109
'~ 전해라'가 전해 주는 것 ・117

PART 3
너무 순탄한 인생은
재앙일 수 있다

꼭 독하게 살아야 할까 • **126**

난세는 좋은 기회다 • **132**

독한 의지로 사랑하고 독한 마음으로 욕정을 줄인다 • **140**

자기 자신을 다스리기는 쉽지 않다 • **146**

'꼰대'도 물론 아프다 • **153**

'부질없는 생각'을 줄여야 독해진다 • **162**

다들 그렇게 하잖아 • **168**

지독한 각오가 잠재력을 끄집어낸다 • **176**

PART 4
두려움을 낯설기보다
익숙하게 받아들인다

두려운 것은 낯선 것이 아니라 익숙한 것이다 • 186
'독한 마음'을 방해하는 것들 • 192
열등감에는 두 얼굴의 양면성이 있다 • 197
스마트폰을 헌신짝처럼 버려본다 • 204
열망 한가운데 서 있는 삶의 목표 • 211
내 운명을 누구 손에 맡길 텐가 • 217
지독함을 추구하며 강박증을 달랜다 • 224
자신에게 엄격하고 남에게 관대하라 • 231
순탄하지 못한 인생이 축복일진대 • 240
조금 더 멀리 바라보고 혼을 키운다 • 248

프롤로그

태어날 때부터 정해진 신분이 주어진다면,
그래서 아무리 살아 봤자 달라질 게 없다면,
어떤 노력도 정당화된 결과로 나타나지 않는다면,
그래서 꿈조차 꿀 수 없는 지금이라면,

 이런 가정이 요즘 우리 사회를 절망의 늪으로 빠트리는 수저계급론의 단면이요, 헬조선의 부르짖음이다.
 아프니까 청춘이라고 위안받던 젊은이들이 헬조선을 외치며 이제야 현실의 부조리함을 깨닫고 세상을 냉혹하게 바라보기 시작했다.

"어렵고 힘들지! 조금만 참아 봐, 그런 고단한 시절이 지나면 좋은 때가 올 거야."

현재를 감내하고 스스로 노력하면 미래는 꿈처럼 다가올 수 있다는 달램으로 위안 받았던 젊은이들이 이제는 '흥, 그런다고 뭐가 달라질까?', '하루하루 살기도 버거운데 웬 힐링 타령!' 하며 냉소와 분노를 보낸다.

금수저, 더 나아가 다이아몬드 수저, 은수저, 흙수저로 자기 자신을 정의하려 드는 젊은이들이 판단내린 헬조선의 현실은 학자금 대출로 빚내서 학업을 마치면 오라는 데 없어 실직의 신세를 면치 못해 시급 아르바이트로 연명하는 그들에게 지독한 절망을 안겨줄 뿐이다.

세상을 그들보다 좀 더 살아온 나는 그들에게 무엇을 말해 주고 어떤 행동을 하라고 일러줄 수 있을까?

그 어떤 말이나 지침도 그들에게 위안을 넘어선 행동과 선택을 취하게끔 해 줄 수 없다. 어려웠던 지난 시절에는 생계의 문제로 미래의 꿈을 담보하며 살았다 쳐도, 생존의 가치가 더 존중되는 이 시대에도 우리 젊은이들은 앞길이 막막한 어둠의 터널 속에 갇혀 희망의 빛을 볼 수 없다.

그들에게 잠깐 현실을 외면하게 만들었던 힐링은 일종의 도피처였을지 모르지만 언제까지 거기서 머물게 할 수도 없는 일, 이제부터 그 피난처에서 그들의 손을 잡아 이끌어줘야 할지도 모른다는 깊은 우려가 생겨났다.

"아프니까 청춘이다, 그런데 아프면 환자다. 어서 건강을 되찾자."

이렇게 독려하며 힐링 같은 강요된 위안에 머물지 않고, 우리의 희망인 젊은이들에게 냉혹한 현실을 가슴으로 부딪치는 연습을 전해 주고 싶었다.

어설픈 위로나 연민 따위로 젊은이들을 더 위축되게 만들 필요는 없다고 생각했다. 차라리 그들의 처진 어깨를 밀어 현실의 땅을 제대로 밟고 설 수 있는 오기와 집념을 전해 주고 싶었다.

세상을 향한 그들의 도전과 꿈이 냉혹한 현실의 벽에서 설사 좌절될 수 있어도 그 현실을 직시해 낼 용기와 의지를 갖추기 위해서 무엇을 할 것인지에 대한 고민을 함께 풀어보았다.

이제껏 우리 젊은이들은 분노나 아픔 등을 이해하고 치유하는 과정을 거치며 위로를 받아왔다. 그러나 언제까지 위로만 받고 있을 수 있겠는가.

이제는 용기를 갖고 일어서야 한다. '용기'의 키워드로 무장하여 독해지는 방법을 익혀야 한다. 용기는 독해지고 악착같이 되는 최우선의 무기이다. 용기는 독해지지 않으면 생기지 않는다.

절망감에 빠진 자신에게 분노하고 자신을 채찍질하며 분발해야 한다. 분노는 절망에서 비롯된다. 그것을 분발로 바꾸어 현실에 덤벼드는 용기가 필요하다. 그래야만 절망에서 벗어날 수 있다. '지금 내가 이러고 있을 때가 아니다.'라는 용기 있는 각오가 필요하다.

결국 난 젊은이들을 달래주고 위로를 해 줄 수는 없다. 다만 그들에게 독해지라고 등을 떠밀 수밖에 없다. 그것이 지금의 현실인 것이다. 고통으로 가득한 현실에 적극적으로 대응해야 한다고. 과감하고 용기 있게, 그리고 독하게 현실과 맞서야 살아 남는다고. 지금 당장을 편하게 살려고 하기보다 하루하루 독하게 살아야 한다고.

그것이 자신을 위한 길이란 걸, 이 책에서 말해 보고 싶었다.

PART 1

물고 늘어져야 떨어지지 않는다

당신의
생존무기는
무엇인가

동물의 행동은 참으로 단순하다.

생존을 위한 식食본능, 그리고 대를 이어가고 번식하기 위한 성性본능이 전부일지도 모른다. 동물들은 살기 위해서 먹이를 먹는다. 아무리 미생물이라도 살아야 한다. 살아야 하는 것도 본능이다. 생존 본능이다.

살아야 하는 이유는 없다. 새끼로 태어났든, 알을 깨고 나왔든, 생명을 가지고 이 세상에 나왔으니까 살아야 한다. 그래서 본능이다. 동물들은 먹이사슬에 의해 천적의 먹이가 되거나 인간에게 포획당하지 않는다면 그들의 수명만큼 산다. 그러면 어떻게 생명을 이어갈 수 있을까? 신기한 것은 살아가기 위해서 끊임없이 먹어야 하는 것 말고도 또 다른 생존수단을 지녔다는 것이다. 다시 말하면 대개의 동물들은 저마다 생존무기를 가졌다. 이를테면 치명적인 독毒이나 침針, 지독한 냄새, 뿔이나 가시, 날카로운 이빨, 무척 빠르게 달리거나, 나무를 잘 타거나, 보호색이 있거나 말이다.

그리하여 갑자기 위험에 부딪히거나 천적과 마주쳤을 때, 이 생존무기를 사용해서 위기를 벗어난다. 곤충류나 작은 물고기처럼 특별한 생존무기가 없으면 그 대신 엄청나게 많은 알을 낳는다. 그래야 대부분의 알을 잃더라도 확률적으로 번식을 이어갈 수 있기 때문이다.

작은 포유류도 마찬가지다. 쥐의 번식능력은 놀랄 만하다. 일 년에도 몇 차례씩 여러 마리의 새끼를 낳는다. 아무리 많이 잡혀 먹히고 몰살을 당해도 절대 멸종하지 않는다.

우리 인간에게도 생존무기가 있다. 모든 동물들 가운데 지능이 가장 뛰어난 것은 인간들끼리 같이 사는 세상에서는 모두 도토리 키 재기일 뿐이다. 인간들의 사회, 치열한 경쟁사회에서는 자기만의 생존무기가 있어야 한다.

야구나 축구 등 스포츠에 뛰어난 재능이 있든지, 그림을 잘 그리든지, 노래를 잘하든지, 남들보다 뛰어난 것이 있어야 한다. 그것이 생존무기다. 그것만 있다면 잘 먹고 잘살 수 있다. 연기, 악기, 컴퓨터, 사격, 달리기, 글을 잘 쓴다든지, 리더십, 마술, 바둑, 당구, 장사 수완, 셰프, 바리스타, 소믈리에, 여행가이드, 무엇인가 한 가지 남보다 특출한 게 있다면 그것이 자기만의 생존무기다.

그런데 이렇게 특출한 생존무기의 필요성을 요즘 젊은이들이 느끼지 못한다. 예전에는 공부만 잘해도 성공의 길이 열려 있었고, 대학만 나와도 취업의 길이 있었다. 학력은 그야말로 생존무기였다. 하지만 오늘날은 어림없는 얘기다. 대학졸업자가 너무 많이 남아돈다.

그럼에도 오로지 대학에 가기 위해 공부한다. 그것도 좋은 대학에 가기 위해 안간힘을 쏟는다. 생존무기가 될 수 있는 자신의 특성이나 적성을 좇기보다 어찌 되었든 대학에 들어가는 것이 목적이다. 전공 따위는 생각지 않을 때가 많다. 그렇게 대학을 나와 봤자 무슨 소용이 될까. 남다른 생존무기가 없으니 쉽사리 취업도 어렵다. 대졸 취업자 절반이 자신의 전공과 전혀 무관한 직장에 들어간다고 한다. 억지로 취업했는데 무슨 일할 맛이 나겠는가?

자기가 하는 업무에서 창의성 발휘보다 월급만 생각하며 직장에 나가는지도 모른다. 특별한 장점이나 남다른 능력이 없으니 직장에서 꼭 필요한 사람도 못 된다. 고용주 입장에서 언제 해고시켜도 아무런 지장이 없다. 인문계열 졸업자 90%는 거의 일자리를 못 구한다고 한다. 그래서 '인구론'이란 자조 섞인 유행어가 생겨났다.

　오직 대학에 들어가기 위해서 수많은 과목들과 씨름하며 공부에만 매달렸던 젊은이들 가운데는 자기가 과연 무엇을 잘하고, 어떤 재능을 가졌는지조차 제대로 모르는 경우가 많다.

　각종 고시^{考試}를 패스하거나 의사와 같이 전문자격을 취득하는 것도 훌륭한 생존무기가 되겠지만 그건 극소수다. 또 그만큼 엄청난 노력과 피땀을 흘려야 얻는 대가이다. 그럴 능력이 없다면, 세상 탓만 하지 말고 자기만의 생존무기를 빨리 찾아야 한다.

　미국의 사상가 랄프 왈도 에머슨^{Ralph W. Emerson}은 '나는 특정영역에서 나보다 탁월하지 않은 사람은 결코 만난 적이 없다.'고 했다. 심리학자인 하버드 대학의 하워드 가드너^{Howard Gardener} 교수도 '모든 사람은 사실, 분석, 숫자, 언어, 공간, 운동, 직관, 감성, 실용, 대인관계 지능 가운데 적어도 한 가지 이상을 갖고 출발한다.'고 했다.

　누구나 남들보다 잘하는 자기만의 장점과 재능이 있다. 주입식 학교공부만으로는 과연 자기에게 무슨 장점과 재능이 있는지, 생존무기를 찾기 어렵다. 스스로 찾아야 한다. 아직도 찾아내지 못했다면 하루빨리 찾아내야 한다.

　요즘은 칼국수를 남보다 빨리 잘 썰어도 달인^{達人}이 된다. 호떡을 잘 구워도 달인이 되는 세상이다. 1만 가지가 훨씬 넘는 직업뿐 아니라 새로운 직업들이 수없이 등장하고 있다. 범죄행위 빼놓고, 무엇이든 한 가지만 남들보다 잘하면 얼마든지 잘 살 수 있다.

학업을 마칠 때까지 나 또한 뚜렷한 나의 생존무기를 찾지 못했다. 남들과 다름없었다.

나는 오랫동안 고민 끝에 내가 남들보다 조금 잘하는 것은 글을 잘 다룰 줄 안다는 것을 알아냈다. 노력 끝에 출판 일을 찾아냈고, 그것이 결국 평생 단 하나의 직업이 되었지만, 출판 일을 하면서 뛰어난 작가들의 글을 읽고 배우며 내 글을 쉬지 않고 연마해 나갔다. 결국 그것이 지금 내가 존재하는 이유가 되고 있다.

거듭 말하지만 서둘러 자기만의 생존무기를 찾아야 한다. 틀림없이 적어도 한 가지는 있다. 집념을 가지고 독하게 갈고 닦아야 한다. 무엇이든 한 가지 일에 1만 시간만 투자하면 누구나 전문가가 될 수 있다고 한다.

자기만의 생존무기가 없다면 세상을 원망하지 말고 자기 자신을 원망하라.

물고 늘어져야
떨어지지 않는다

나는 야구를 잘 모르지만 우리 아이가 열성팬이다. 지난해 11월 중순이 넘어서였다. 서재에서 작업을 하고 있는데 거실에서 아이가 '에이', '어휴'를 연발하며 투덜대는 소리가 끊임없이 들려왔다. 거실로 나와 보니 아이가 TV의 야구중계에 넋이 빠져 있었다.

"아니, 11월도 끝나 가는데 이렇게 늦게 무슨 야구냐?"

"일본의 도쿄 돔이에요."

아이 얘기를 들어보니 세계 야구강국 12개 나라가 대결하는 '프리미어 12'라는 국제대회인데 지금 우리나라와 일본이 준결승을 펼치고 있다는 것이다. 얼핏 스코어를 보니까 3대 0으로 우리나라가지고 있었다. 예선전에서도 일본의 오타니라는 투수에게 꼼짝 못하고 5대 0으로 졌는데, 준결승에서도 오타니가 던지고 있어 이기기 어려울 것 같다는 얘기를 아이가 했다.

다시 서재로 들어가 작업을 계속하고 있는데 갑자기 아이의 함성이 들려왔다. 공연히 궁금해서 거실로 나왔다. 아이가 흥분하고 있었다.

"마지막 9회전인데 잘하면 뒤집을 것 같아요."

"어떻게?"

"오재원, 손아섭 두 선수가 대타로 나와서 모두 안타를 쳤고요. 정근우 선수가 2루타를 쳐서 한 점 나고, 지금 노아웃에 2, 3루예요. 안타 하나만 더 치면 동점이 될 수 있어요."

TV를 들여다보니까 이용규 선수가 몸에 맞는 공으로 1루에 나가 노아웃에 만루였다. 나도 가슴이 마구 뛰었다. 그 다음 김현수 선수가 또 볼넷, 밀어내기로 한 점을 더 나서 노아웃에 3대 2다. 나도 흥분하지 않을 수 없었다. 다음 타자는 4번 타자 이대호 선수다.

투수가 던지는 공 하나하나에 집중하고 있는데 '안타!', 이대호 선수가 안타를 쳐서 두 명이 홈에 들어와 4 대 3으로 역전. 야구를 잘 모르는 나도 끝까지 지켜볼 수밖에 없었다. 9회 말 일본 공격을 잘 막아내 한국이 이겼다.

"결승 진출!"

아이는 껑충껑충 춤을 추며 좋아했다. 승리를 자신하며 여유 만만했던 일본의 코칭 스태프들과 선수들은 완전히 넋이 빠져 있었다. 내가 우리 대표 팀이 운이 좋았다며 기적 같다고 하자, 아이가 운도 따랐겠지만 9회에 타석에 들어선 우리 선수들이 하나같이 악바리여서 뒤집을 수 있었다고 했다.

역시 그랬다. 다음 날 아침에 신문을 보니 '일본은 몰랐다. 이 4명이 얼마나 독한지'라는 타이틀 아래, 오재원, 손아섭, 정근우, 이용규 선수의 사진이 크게 실려 있었다.

그 사진들 아래에는 '한국 프로야구의 대표적 악바리들', '몸 안 사리고 물고 늘어져' 등의 소제목들이 실려 있었다. 우리 아이의 설명에 따르면 이 선수들은 한결같이 워낙 승부욕이 강해서 좀처럼 물러서지 않는 독한 악바리 선수들이라고 했다. 말하자면 항상 이기기 위해 악착같이 최선을 다하는 독한 선수들이라는 얘기다.

수긍할 만했다. 이러한 선수들의 독기가 기적을 이루어낸 것이다. 타석에서 쉽게 물러서지 않고 상대투수를 물고 늘어져 기어이 안타를 쳐냈고, 끝까지 물고 늘어져 몸에 공을 맞고 진루했다. 물고 늘어진다는 것은 독하다는 것이다. 어떤 목표를 독하게 물고 늘어져야 밀려나지 않고 떨어지지 않는다. 그래야 원하는 것을 얻고 살아남는다.

강정호 선수가 미국 메이저리그에 진출해서 뛰어난 활약을 하고 있다. 잘 나가던 강 선수가 안타깝게도 경기 중에 다리에 큰 부상을 입고 수술한 지 5개월 넘어 베팅 케이지에 올라선 강 선수가 "앞으로 독사처럼 운동하려고 한다. 마음을 강하게 먹고 있다."고 인터뷰했던 것을 들었다.

우리는 악착같이 물고 늘어지는 사람에게 흔히 '독사毒蛇'라는 별명을 붙인다. 독사는 한 번 입에 문 먹이는 결코 놓치지 않는다. 사자, 표범, 치타 같은 맹수들도 사냥할 때 먹잇감 동물의 숨통을 물고 늘어진다. 먹잇감의 숨통이 끊어질 때까지 아무리 시간이 오래 걸려도 절대로 포기하지 않고 끝까지 물고 늘어진다. 그래서 그들은 먹이를 얻고 살벌한 초원에서 살아남는다.

원하는 목표, 반드시 성취하려는 목표가 있다면 오직 그것에만 몰입해서 독하게 물고 늘어져야 한다. 우리의 악바리 야구선수들이 독하게 물고 늘어져 기적을 이루어냈듯이, 절대로 포기하지 않고 끝까지 물고 늘어져야 원하는 것을 얻을 수 있으며 경쟁에서 밀려나거나 낙오하지 않는다. 한 번 낙오되면 다시 일어서기 힘든 세상이다.

진화하지 못하면 도태된다

모든 생명체는 진화한다. 찰스 다윈의 진화론이다. 그러면 생명체는 왜 진화하는가? 자연환경에 적응해야 살아갈 수 있기 때문이다.

다윈은 영국 해군과 함께 오랫동안 항해하다가 갈라파고스 섬에서 여러 가지 신기한 점들을 발견했다. 같은 종의 거북이들이 서식하는 섬마다 그 모습이 다르다는 것을 발견했다. 특히 핀치라는 새는 같은 종이면서 서식환경에 따라 부리가 서로 다른 것을 발견하고 놀랐다.

곤충을 먹이로 하는 핀치, 바위틈의 벌레를 먹는 핀치, 씨앗 등을 먹는 핀치가 저마다 부리 모양이나 크기가 서로 달랐다. 다윈은 핀치의 부리가 먹이를 잡고 먹는 데 편리하도록 변화했다는 사실을 알았다. 이러한 발견이 진화론의 계기가 되었다. 핀치 새 부리의 차이에 대해서는 여러 학자들의 학설이 있지만 다윈의 진화론이 아직 지배적인 통설이 되고 있다.

아프리카 초원에서는 치타가 가장 빠르다. 치타의 주요 먹잇감은 임팔라다. 임팔라도 무척 빠르다. 치타는 그처럼 빠른 임팔라를 사냥하기 위해 점점 더 빨리 달릴 수 있게 진화했고, 임팔라는 치타에게 잡혀 먹히지 않기 위해 더 빨리 달릴 수 있도록 진화를 거듭했다.

이러한 평행을 이루는 진화를 어느 진화생물학자는 '붉은 여왕$^{Red\ Queen}$'으로 표현했다. '붉은 여왕'은 서양 장기인 체스의 팻말로 그것이 움직일 때마다 다른 팻말이 평행으로 움직이는 데서 인용한 것이다.

우리 인간도 진화의 산물이다. 약 600만 년 전, 침팬지에서 분화해 나무 위에서 살다가 땅으로 내려왔다. 침팬지와 별로 다름없이 네 발로 걷는 유인원이었지만 몸을 일으켜 직립보행을 시작했다. 두 발로 걷게 된 것은 놀라운 진화다. 그로부터 온몸의 털이 거의 사라지는 등 인류로의 진화를 거듭해서 마침내 오늘날 우리가 되었다.

지구가 아주 큰 혜성과 충돌하고 엄청난 규모의 화산폭발로 많은 생명체들이 멸종했다. 하지만 그러한 천재지변보다 모든 생명체는 진화하지 못하면 도태되고 마침내 멸종한다. 우리도 마찬가지다. 진화하지 못하면 도태되어 멸종하고 만다.

취업을 못 했거나 실직자라면 우선 직업을 구하는 일이 시급하겠지만, 직장인이나 일을 하는 사람일지라도 끊임없이 변화해야 한다. 안정된 직장에 다니는 샐러리맨들이 현재에 만족해서, 그저 기계적으로 일하며 편안하게 살려고 들면 언제까지 그 영광(?)이 보장될 것이라고 여겨지는가.

성실과 복종만으로 평생직장을 보장받는 것이 아니다. 정년이 보장된 직업이 아니라면 언제 갑자기 물러나게 될지 모른다. 하루아침에 직장을 그만두어야 하는 일이 허다하다. 퇴직은 점점 빨라지고 수명은 점점 길어져 수십 년을 잉여인간으로 하릴없이 보내야 하는 것이 요즘 추세다. 현재에 만족하다가 전혀 노후자금을 마련하지 못해 남은 인생을 가난에 시달리는 경우가 적지 않다.

젊거나 중년의 직장인들도 안심하지 못한다. 언제 갑자기 직장을 그만두게 될지 모른다. 그렇다고 40~50년을 백수로 지낼 수는 없지 않은가. 하지만 재취업은 하늘에 별 따기다. 어쩔 수 없이 자영업을 시작하지만 실패할 확률이 80%가 넘는다.

일하고 있을 때 꾸준히 자기계발을 하며 앞날에 대비해야 한다. 그것이 바로 진화進化다. 진화는 자신을 스스로 발전시키는 것이다. 가능하다면 자기가 잘할 수 있는 것을 찾아서 꾸준히 연마하고 공부해야 한다. 그리하여 나름대로 그 분야의 전문가가 되어야 한다.

그렇다면 구체적으로 어떻게 자기계발을 하고, 변화와 발전을 도모할까. 앞에서 설명한 것처럼 될 수 있으면 자기가 하고 싶고 잘할 수 있으며, 장래성이 있는 것을 찾아야겠지만, 그것이 어렵다면 스티브 잡스가 대학을 졸업하는 젊은이들에게 조언했던 말을 새겨 볼 필요가 있다.

그는 스탠포드 대학에서 졸업축사를 통해 "점을 이어라."라고 조언했다.

점點을 잇는다는 것은 자기 경력의 일관성과 연관성을 갖는 것이다. 현재는 생계를 위해 자기 적성이나 전공과 전혀 관계가 없는 일을 하더라도, 적성과 전공과 관련지어 자기계발을 하는 것이다.

가령 대학에서 기계공학을 전공한 공학도라면 기계와 관련 있는 것을, 사학을 전공한 인문학도라면 역사와 관련 있는 것 등에 중점을 두어 자기계발을 하는 것이다. 법학도가 검사, 판사를 하다가 변호사가 되는 것도 점을 이어 변함없이 법조인의 길을 걷는 것이다. 점을 이어야 적응이 훨씬 빠르다.

또는 자기 적성에 맞는 것이라면 더욱 효과적이다. 그러나 모두 마땅치 않다면, 현재 자기가 하는 일과 연관시켜 새로운 변화를 모색하는 것도 점을 잇는 것이다.

진화는 주어진 환경에 적응하는 일이다. 힘들고 험한 세상에 적응하려면 끊임없이 변화를 모색해야 한다. 그것이 진화다. 진화하지 않으면 마침내 도태되고 만다.

'티끌 모아 태산' 그냥 이뤄지지 않는다 독해야 한다

우리 민족성 가운데 '은근과 끈기'가 자주 등장한다. 좋은 얘기다. 순간적으로 냄비가 끓듯이 확 달아올라 펄쩍대며 날뛰는 것이 아니라, 가마솥처럼 서서히 은근하게 달아오르고, 무엇이 이루어질 때까지 체념하지 않고 끈기 있게 기다릴 줄 아는 민족? 이런 얘기 과거엔 많이 했다.

그런데 천만에! 그건 옛날이야기일 뿐이다.

조급증, 강박증에 걸려 있는 것처럼 '빨리빨리'가 우리 국민들의 표상이 된 지 오래다. 많은 사람들이 손쉽게 빨리 큰돈을 벌고 싶어 한다. 너나없이 일확천금, 횡재, 인생역전을 꿈꾸는 추악한 표상을 우리 앞에 놓고 있다.

    로또복권을 사들이고, 도박에 빠져든다. 자기 월급에 만족 못하고, 큰돈에 집착하며 공금 횡령했다가 쇠고랑을 차고, 빚 얻어 주식 투자했다가 쪽박 차는 샐러리맨들도 많다. 돈이 좀 있으면 부동산 투기로 대박을 터뜨리려 돈을 벌려고 했다. 물론 한동안 부동산 투기로 큰돈을 번 사람들이 적지 않다. 그러나 요즘은 그것도 쉽지 않다.

    그렇지 않으면 사기를 친다. 사기에 걸려드는 사람들도 마찬가지다. 큰돈을 손쉽게 벌 수 있다는 유혹에 넘어가 사기에 걸려든다. 하지만 노력하지 않고 손쉽게 큰돈을 버는 일은 없다.

    빌 게이츠, 스티브 잡스, 저커버그, 중국의 마윈, 일본의 손정의 같은 사람은 손쉽게 세계 최고의 부자가 되었겠는가. 그들에게는 세상을 바꾸어 놓는 뛰어난 아이디어가 있었다. 그럴 만한 창의력이 없다면 정직하게 살아야 한다. 이들처럼 독하게 살더라도 정직하고 양심적이어야 한다.

    외국 다큐멘터리에 'Pawn Stars'라는 TV프로그램이 있다. 미국 라스베이거스에서 성업 중인 전당포 얘기다. 할아버지, 아버지, 아들 3대가 가업으로 운영한다. 우리나라 전당포처럼 가치 있는 물건을 담보로 잡고 돈을 빌려주지만, 가치가 있는 중고품 등을 매입해서 이윤을 붙여 파는 것이 오히려 주된 영업이다.

어느 날, 많은 사람들이 온갖 물건을 갖고 와서 팔고 사는데 그들 가운데 중학생쯤으로 보이는 소년이 그의 어머니와 함께 들어온다. 소년은 자동차 핸들을 내놓는다. 전당포 주인은 낡은 핸들을 살펴보더니 소년에게 묻는다.

"이걸 팔려고 그러니?"

"네."

"이 핸들은 1952년에 생산된 포드 승용차의 핸들이다. 충분히 골동품 가치가 있다. 얼마를 받고 싶니?"

"150달러요."

"그렇게는 안 되고, 최대 100달러를 줄게."

소년이 어머니를 쳐다본다. 어머니가 고개를 끄덕인다.

"네, 그럼 100달러에 팔죠."

주인이 웃으면서 말한다.

"허허, 네가 기특해 보여서 20달러를 더해 120달러를 주마."

"고맙습니다."

120달러를 받아든 소년은 만족해한다. 그는 주말에 열리는 벼룩시장에서 그 핸들을 50달러에 샀다. 70달러의 이득을 본 것이다. 어머니가 묻는다.

"120달러로 뭘 할 거니?"

"이번 주말에 벼룩시장에 가서 120달러짜리 물건을 살 거예요. 그러면 200달러에 팔 수 있을 거예요."

그 소년은 희망이 넘쳐 보였다. 120달러짜리 중고품이나 골동품을 사서 200달러에 팔고, 다시 200달러짜리를 사서 250달러나 300달러에 팔고……. 그렇게 계속하면 1,000달러, 2,000달러…… 뜻대로 된다면, 소년이 고등학생 때쯤에는 몇만 달러가 될지도 모른다. 그 뒤에도 계속 이어가면 수십 만 달러가 될지도 모른다.

오래전, 우리에게도 '이쑤시개로 황소를 살 수 있다.'는 우스갯소리가 있었다. 몇백 원 주고 이쑤시개를 사서, 그걸 팔아 옷핀을 사고, 옷핀을 팔아 빗을 사고, 빗을 팔아 거울을 사고…… 그렇게 늘려나가면 황소도 살 수 있다는 우스갯소리다. 황당한 얘기 같지만 이론적으로 터무니없는 얘기는 아니다. 노력하지 않고 단번에 큰돈을 벌려는 생각 자체가 욕심이다. 노력하지 않고 요행으로 손쉽게 큰돈을 벌면 그만큼 쉽게 날아간다.

푼돈, 적은 돈을 아껴야 한다. 저축은 푼돈부터 시작한다. 푼돈을 모아 몇만 원이라도 되면 쓰겠다는 궁리보다 무엇엔가 투자하겠다는 생각을 해 보라. 투기가 아니라 양심적인 투자 말이다.

세계의 최고 부자들, 우리의 알부자들을 살펴보면 아주 적은 돈을 오래도록 성실하게 불려나가 자수성가한 이들이 무척 많다. 주식투자 전문가로 세계 최고의 갑부인 워렌 버핏은 소년시절 용돈 50달러를 가지고 주식투자를 시작했다.

어찌 보면 독하게 돈을 모은 것이다. 거기에는 피나는 노력이 뒤따른다. 앞에서 소개한 미국 소년의 경우도 계속해서 돈을 늘려나가려면 골동품이나 중고품에 대해 끊임없이 공부해야 하고, 부지런히 발품을 팔아야 할 것이다. 저절로 되는 것은 아무것도 없다.

"오래 가는 것이 가장 빨리 가는 것이다."를 경영철학으로 내세운 중견기업 CEO가 있다. 소는 느리게 뚜벅뚜벅 걸어가지만 결코 뒷걸음치지 않고 오래 간다며 '우보천리牛步千里'를 경영철학으로 내세운 것이다. 새겨들을 만하다.

너무 서두르지 말자. 진짜 은근과 끈기가 필요하다. 자신의 앞날을 길게, 멀리 보자. 단단히 독하게 마음먹어라. 흔들리거나 머뭇거리거나 뒷걸음치지 말고 천천히 오래 가라.

'악착같다'는 것이 나쁘기만 할까

"**그 애는** 남들보다 악착같이 공부하더니 일류대학에 갔어."
"그 친구, 악착같이 돈 모아서 자기 집을 마련했어."

우리는 일상생활에서 '악착같다'는 말을 자주 쓴다. 사실 '악착(齷齪)'은 어려운 한자어로 그다지 바람직하거나 긍정적인 의미는 아니다. 국어사전을 보면 악착은 '도량이 몹시 좁음. 잔인하고 끔찍스러움' 등으로 결코 좋은 뜻이 아니다.

하지만 '악착'의 뒤에 '같다', '스럽다' 등이 붙으면 그 의미가 사뭇 달라진다. '악착같다', '악착스럽다'는 '일을 해 내는 태도가 매우 모질고 끈덕짐'의 뜻이 된다. 더구나 '악착'과 느낌이 비슷한 '억척'은

'억척스럽게', '억척같이' 등은 '일을 해나가는 태도가 어떤 어려움에도 굴하지 않고 매우 모질고 끈덕짐'을 뜻하는 것으로 더욱 긍정적으로 활용된다.

악착이나 억척은 지금보다 한두 세대 전인 지난날에 더 많이 쓰였다.

6.25 한국전쟁, 1.4 후퇴 등의 민족적 수난과 위기에서 수많은 북한지역 주민들이 남한으로 피난을 왔다. 그들이 오늘날까지도 고향에 돌아가지 못하는 실향민들이다. 이들은 혈육과 헤어지고 맨몸으로 피난 왔으니 아무것도 가진 것이 없는 빈털터리였다. 하지만 그들은 어떡하든지 살아남기 위해, 언덕 위, 산기슭 등의 빈 땅에 판자로 움막집을 짓고 신분, 체면 따위를 내던지고 막노동을 마다하지 않았으며 길거리에서 헌옷장사를 하는 등, 닥치는 대로 일을 했다.

오직 몸뚱이 하나로 밤낮을 가리지 않고 정말 악착같이, 억척스럽게 일을 해서 삶의 터전을 마련하고, 생계를 이어갔으며 자식들을 공부시켰다. 내 선배의 어머니는 남편을 잃고 혼자 몸으로 미군들이 입던 헌 군복에 검정색 물을 들인 염색옷 장사로 아들 7형제를 모두 대학까지 공부시켰다. 그들의 생존투쟁은 처절하기 그지없었다.

시골의 농민들은 대를 이은 가난에서 벗어나기 위해, 오직 자식들 공부시키려고 온갖 고생을 악착같이 견뎌내며 처절하게 희생했다. 소를 팔고 논밭을 팔아 자식들을 대학에 보냈다. 또한 오로지 돈을 벌기 위해 독일에 광부, 간호사로 갔으며, 중동의 뜨거운 사막에 근로자로 나가 새벽부터 온몸에 땀을 쏟았다.

이들이 바로 요즘 젊은 세대의 할아버지, 아버지들이다. 이들 덕분에 우리나라는 국민소득 3만 불에 가까운 선진국의 문턱에 다다라 있으며, 평균적으로 생활수준이 크게 높아졌다. 요즘은 아무리 생계가 어려워도 굶어죽지는 않는다. 가난하다는 것도 과거의 절대적 빈곤과는 다르다. 다른 사람보다 못사는 상대적 빈곤이다.

많은 젊은이들이 경제적으로 큰 고통 없이 성장한 탓인지, 지금의 젊은 세대들은 '절박함'이 부족하다. 따라서 악착같은 마음, 억척스러움이 많이 모자란다. 흔히 '헝그리 정신'이 부족하다고도 말한다.

각종 프로 스포츠가 활성화되면서 수십 억, 수백 억을 버는 프로 선수들도 늘어나고 있다. 이들이 수십 억 원의 계약을 마치고 나면 오히려 성적이 크게 떨어져서 먹고 튄다는 '먹튀' 논란이 일어나기도 한다.

프로복싱 선수가 챔피언이 되어 큰돈을 벌기 시작하면 링에서 피를 흘리며 악착같이 싸우기 싫어진다. 절박함과 헝그리 정신이 사라져 편안해지려는 마음이 생겨 무기력해지기 때문이다. 물론 큰 돈을 버는 프로 스포츠 선수가 모두 그런 것은 아니다.

요즘 일자리를 얻기 위해 몇 년씩 온갖 노력을 다했지만 도무지 일자리를 구할 수 없어서 무기력해진 젊은이들이 많다. 또한 자기의 목표를 이루기 위해 발버둥을 쳤지만 뒷받침을 못 해 주는 환경과 한계에 부딪쳐 좌절감에 빠져서 무기력해진 젊은이들도 있다.

여기서 얘기하려는 것은 그런 젊은이들보다 진짜 무기력한 젊은이들을 말하는 것이다. 부질없이 암담한 사회현상만 탓하며 아무것도 하지 않고, 아무런 노력도 하지 않는 젊은이들이다.

그런 남자를 주변에서 보았다. 나이가 오십이 넘도록 아무 일도 하지 않고 부모에게 얹혀살고 있다. 그나마 부모가 경제적 여력이 있어서 얹혀살지만 아직 결혼도 못 했다. 살아계신 그의 노모가 80대 후반인데 어머니가 돌아가시면 어떻게 될까? 허우대가 멀쩡한 남자가 오십이 다 되도록 백수건달인데 결혼할 여자가 있을까?

이러한 무기력한 현상을 한 마디로 요약하면 '근성根性'이 부족하다고 이야기한다. 근성이란 사전적으로 '태어날 때부터 지닌 근본적인 성질, 뿌리가 깊이 박힌 성질'이지만, 어떤 일이나 어려움 등과 맞서는 집요함, 끈질김을 가리킬 때 근성이 강하다고 한다. 다시 말하면 악착같음, 억척스러움의 바로 그 근성이다.

근성을 키워야만 살아남을 수 있다. 무엇인가 추구하다가 좌절된 절망감 때문에 무기력하든, 악착같고 억척스럽지 못해 무기력하든, 게을러서 부모에게 의존하든, 근성이 부족하다면 자신의 앞날을 위해 절대적으로 근성을 키워야 한다.

그러자면 우선 자극이 필요하다. 밤늦도록 컴퓨터 게임이나 하다가 아침 늦도록 잠에 빠져 있지 말고, 새벽 여섯 시 전후해서 바깥에 나가보라. 벌써 그 시간이면 일터로 나가는 사람들로 거리가 활기에 차 있다. 새벽부터 일터를 향하는 그들을 보며 자극을 받아야 한다.

출근시간은 더 하다. 시내버스, 지하철, 모두 초만원을 이루며 일터로 향한다. 그러한 출근길의 혼잡이 고통스럽지만 오래간만에 일자리를 얻은 사람은 짐짝신세도 더없이 행복하기만 하다.

요즘 TV를 보면 탈북자들, 즉 새터민들이 출연하는 북한 프로그램들이 많다. 특히 아직 20대의 젊은 북한여성들은 오직 가난과 배고픔에서 벗어나 잘살기 위해 죽음을 무릅쓰고 탈북했다고 말하곤 한다.

그들은 필사적으로 북한 땅을 빠져나와 중국의 산속에서 일주일, 열흘씩 굶으면서도 풍요롭고 자유로운 남한(?)으로 오기 위해 온갖 고통을 악착같이 견뎌냈다. 중국공안원들에게 붙잡혀 다시 북송되었다가도 또 탈출하고, 중국인들에게 인신매매를 당했다가도 온갖 고초를 견뎌내며 악착같이 탈출을 결행했다. 그런 악착같은 집념, 집요함이 그들의 탈출을 성공시킨 셈이다.

　근성을 키우고 악착같으려면 게으름과 편안함에서 벗어나야 한다. 얼렁뚱땅, 대충대충도 안 된다. 스스로 간절함을 만들고, 어떤 목표를 성취하기 위해 악착같아야 한다. 절대로 자기 자신에게 관대해서는 안 된다. 자신에게 형벌을 가하듯 몹시 가혹해야 한다.

　TV의 개그 프로그램을 보니까 어느 코너에 '착하게 살자'라는 크게 쓴 구호가 붙어 있었다. 당연히 착하게 살아야 하겠지만, 무기력증에 빠져 있는 젊은이들은 그것만으로 안 된다. 자기 방 책상 앞에 '착하게 살자'가 아니라 '악착같이 살자'라는 구호를 써 붙이고 수시로 바라보며 다짐하고 또 다짐하자.

우리는 왜
되는 일이 없을까

분노조절장애, 감정조절장애, 행동장애, 선택장애, 불안장애, 공황장애, 인격장애……. 이러한 장애들은 엄밀히 따지면 모두 정신질환에 속한다. 좀 더 극단적으로 얘기하자면 정신병이라고 할 수 있다.

왜 이렇게 온갖 장애들이 쏟아지고 있을까? 더구나 그러한 장애들에는 20~30대가 가장 큰 비중을 차지한다. 갖가지 정신질환에 시달리는 젊은 세대들이 갈수록 크게 늘어나고 있다는 얘기가 아닌가?

좋지 않은 것이 전염병처럼 번져가는 것을 요즘은 악성바이러스로 표현하니까 '정신장애 바이러스'가 창궐하고 있다고 보면 된다.

우리 사회에 그러한 정신질환의 징후나 위험성을 지닌 젊은이들이 의외로 많다. 하지만 그들 대다수는 자신에게 정신질환이 있다고 생각하지 않는다.

사이코패스나 소시오패스처럼 심각한 정신질환자들도 겉으로는 멀쩡하고 평상시 그들의 행동에서 문제점이나 미심쩍은 점들을 쉽게 찾을 수 없듯이, 보통사람들은 갖가지 정신장애를 지녀도 그 예후가 두드러지지 않거나, 당사자 스스로 정상적이라고 생각하는 경우가 대부분이다.

정신장애는 사고思考, 감정, 행동 등이 보편성에서 크게 어긋나는 병적 정신상태를 말한다. 인격장애 또는 성격장애도 그 정도에 따라서는 정신장애라고 할 수 있다.

인격장애는 지나치게 자기중심적이어서 대인관계가 원만하지 못하고 감정이 불안정하거나 다른 사람을 괴롭히는 경향을 보인다. 성격장애는 성격이나 습관, 사고방식 등이 사회적 기준에서 벗어나 다른 사람들에게 고통을 주는 등 사회생활에 문제를 일으키는 경우가 많다.

정신장애 징후가 지속적으로 나타나면 심각한 후유증을 초래하기 때문에 어떤 형식으로든 치료가 필요하다. 그러나 정신적 장애가 의심되는 젊은이들이 그 경미한 징후로 인해 장애와 정상의 경계선상에서 자신의 정신상태를 전혀 의심하지 않는 것에 문제가 있다.

일상생활에 큰 문제가 드러나지 않기 때문에 자신의 정신상태를 조금도 의심하지 않으면서 갑자기 '욱' 하며 감정을 폭발시키는 분노조절장애, 충동조절장애 등이 모르는 사이에 고착화되면 갖가지 범죄행위를 저지른다.

아무 관련 없는 사람들에게 위해를 가하거나 불을 지르거나 주차된 자동차들을 공연히 펑크 내는 것과 같은 묻지 마 범죄, 가까운 친구, 선후배, 동료들과 술을 마시다가 사소한 시비에도 흉기를 휘두르는 우발적 범죄, 충동범죄 등이 그것이다.

아주 친한 친구와 함께 술을 마시다가 2차 가서 한잔 더하자는 제의를 친구가 거절했다고 흉기로 살해하는 어처구니없는 범죄도 있었다. 그런가 하면, 보복운전을 하거나 아파트의 층간소음문제로 다투다가 충동적으로 폭력이나 흉기를 휘두르는 충동범죄도 끊임없이 일어난다.

요즘 젊은이들이 이성교제를 하다가 저지르는 데이트 폭력, 데이트 범죄, 이별살인 등은 큰 사회문제가 된다. 모두 정신장애에서 비롯된다. 더욱이 그러한 정신장애에 반사회적 인격장애가 더해지면 큰 불만을 품고 반사회적 행위들을 서슴지 않고 자행한다.

이를테면 확실한 근거나 뚜렷한 주장도 없이 빗나간 행동을 하거나 폭력행위에 앞장서기도 한다.

끊임없이 총기난사 사건이 일어나는 미국의 경우, 그런 묻지 마 범죄나 테러를 저지르는 자들의 80%가 자생적 테러리스트라고 한다. 악명 높은 테러집단 IS에 세계 각국의 젊은이들의 지원이 끊이지 않는 것도 그 까닭이다. 사회적 불만을 엉뚱하게 표출시키는 것이다.

이러한 행위들은 거의 모두 정신장애라고 할 수 있다.

우리 젊은이들이 자기도 모르게 정신장애를 가질 수밖에 없는 현실을 충분히 이해한다. 수많은 갈등과 위기의 사회현실과 불안한 미래에 많은 젊은이들이 방황한다. 희망을 잃은 젊은이들이 좌절과 절망으로 얼룩져 '헬조선' 대한민국이라 외쳐대며 원망을 뿜어낸다. 결국 '망한민국'이 될지도 모른다.

우리나라 20대의 박탈감이 51개 조사대상국 가운데 50위라고 한다. 꼴찌나 다름없다. 3포, 5포, 7포, n포…… 모든 것을 포기해야만 하는 현실에서 앞날에 대한 기대감을 가질 수 있겠는가?

20~30대 젊은이 몇 명이 고통 없이 죽을 수 있는 자살 약을 외국에서 직수입했다가 적발되었다. 그들은 "세상에 낙이 없다."고 했다. 즐거움도 없고, 기대감도 없고, 취업도 안 되고, 정말 되는 일이 하나도 없는 세상이라고 자포자기하니 그들에게 무슨 살맛이 나겠

는가?

국가, 사회, 정치…… 어느 것도 젊은이들에게 희망과 도움을 주지 못한다. 시간이 흐를수록 불안하고 좌절감만 커지니, 불만과 분노가 풍선 부풀듯 커져간다. 정신이 멀쩡한 사람도 우발적, 충동적으로 '욱' 하면서 과격한 행동을 저지르기 쉬운 실정이다. 우리의 현실은 젊은이들뿐 아니라, 누구라도 수많은 외적 스트레스에 시달리지 않을 수 없는 지경이다.

젊은이들은 그것에 좀 더 예민할 뿐이다. 그러면 왜 외적 스트레스가 만연하고 있을까?

두 말할 것도 없다.

첫째는, 참담하고 극단적인 사회현상과, 되는 일이 없고 고달프기 짝이 없는 우리의 삶 때문이다. 도대체 되는 일이 없고, 삶의 즐거움이 없는 것은 내 탓이 아니라 모두 사회의 탓이라고 생각하는 것이다. 그래서 불만과 분노를 키워가면서 반사회적으로 된다.

둘째는, 우리의 생각과 행동의 복잡성 때문이다. 우리 인간이 만물의 영장이 되고 지구를 지배할 수 있었던 것은 인류만이 지닌 뛰어난 지적 능력 덕분이다. 지능이 높으려면 뇌의 구조가 복잡해야 한다.

전자기기가 뛰어난 성능과 다양한 기능을 갖추려면 복잡한 전자회로를 필요로 하듯이 뛰어난 인간의 뇌는 무척 복잡하다. 그리하여 수만 가지 생각을 해 낼 뿐 아니라, 외적, 내적인 상황 등을 다각적으로 판단할 수 있다. 그렇지만 그만큼 걱정도 많고 좌절감도 높다. 이러한 것들이 모두 스트레스로 변한다.

이러한 두 가지 스트레스의 요인에 대해 한번 생각해 보자.

첫째, 우리의 현실을 생각해 보자. 사회가 어렵다는 것은 다 안다. 하지만 우리 역사를 통해 언제 백성들이 태평성대를 누려 보았던가. 거의 없다. 항상 가난과 끊임없는 외적의 침입, 자연재해 등에 시달리며 수천 년의 역사를 이어왔다.

어느 시대나 사회갈등과 시련이 있었고, 그 시대만의 고통이 있었다. 평화롭고 만족스러웠던 시대를 살기보다 항상 시대상황과 부딪치며 절망하고, 각종 정신적 문제에 시달려왔다 그렇지만 그것을 견뎌내고 극복하며 살아왔다.

나는 두 가지 명언을 늘 머릿속의 기억 안에 두고 산다.

미국의 극작가 패디 차예프스키는 서민들의 삶을 주로 다루었는데 주제는 언제나 "산다는 게 그런 거지, 뭐"였다.

그렇다. 산다는 게 뭐, 대단한 건가? 그저 그런 거다. 그 말은 나의 현실을 받아들이고, 삶에 대해 긍정적인 마인드를 갖게 해 준다.

또 하나는 고대 유대(이스라엘)에서 가장 지혜로웠던 솔로몬 왕의 반지에 새겨져 있다는 글귀 "그것 또한 지나가리라"^{This, Too,}

Passaway였다.

부귀영화가 영원한 것도 아니며 고난이나 고통 또한 죽을 때까지 영원한 것이 아니다. 모든 것이 언젠가는 지나간다. 나는 힘들고 고통스러울 때마다 그 말을 되새기며 견뎌냈다.

둘째, 복잡성이다. 생각이 많을수록 걱정이 많아지고 불안감이 커진다. 좀 단순해질 필요가 있다. 우리가 갖는 걱정의 95%는 불필요하고 해결할 수 없는 걱정이라고 한다.

전쟁터에서 전투 중인 군인이 생각이 많으면 어찌 되겠는가.

"내가 왜 싸워야 하나?"

"적군도 인간인데 그들을 왜 죽여야 하나?"

"과연 내가 살아서 돌아갈 수 있을까?"

온갖 잡념에 잠겨 있으면 전투가 제대로 될 리 없고, 자칫하면 적군의 총탄에 맞을 수 있다. 전투 중인 군인은 오직 적을 물리치고 이겨야 한다는 생각만 해야 한다. 목표가 뚜렷하고 단순해야 집중력이 높아진다.

왜냐하면 단순해야 독해질 수 있기 때문이다. 온갖 생각이 많으면 독해지기 어렵다. 대부분의 질병은 마음에서 오는 병이다. 특히 정신장애가 그렇다.

어렵고 힘들수록 한 가지에 집중하는 지혜가 필요하다. 자신이 지닌 많은 문제들의 우선순위를 정하고 급한 순서에 따라 한 가지 문제를 독하게 집중 공략해야 한다. 그러다 보면 안 될 것 같은 일도 저절로 해결될 수 있다.

분노가 아니라 분발이다

〈왜 분노해야 하는가〉

　지난 연말, 잘 알려진 경제학자 장하성 교수가 펴낸 책 이름이다. 그는 요즘 우리 젊은이들의 아픔을 여러 해 동안 진지하게 분석한 끝에 내놓은 젊은 세대에게 바치는 헌사라고 했다.

　장 교수는 임금 불평등에서 오는 갖가지 문제들을 날카롭게 지적했다. 우리나라 100대 기업은 전체 고용의 불과 4%밖에 기여하지 못하는데 그들이 전체 이익의 60%를 차지한다는 것이다. 70%에 이르는 중소기업은 전체 이익의 절반도 차지하지 못하는 우리 경제의 현실을 개탄했다.

임금 불평등은 고용 불평등으로 이어지고 있으며, 전체노동자의 3분의 1이 월 100만 원 미만의 임금을 받고 있고, 청년의 20%가 실업자라고 지적했다. 그러면서 청년들을 위해 싸워 줄 사람이 없다고 했다.

정치권은 여야를 막론하고 청년들이 겪고 있는 삶의 아픔을 치유하기 위해 진정성 있는 노력을 하기보다 관념적인 수사만 늘어놓고 있어 전혀 기대할 것이 없다는 것이다. 기성세대, 특히 486세대, 586세대들은 지난 20년 동안 아무것도 해 놓은 게 없다고 했다. 따라서 혁명적 변화가 필요하며, 새로운 변화의 주체는 청년세대에서 나와야 한다고 주장했다. 그와 함께 젊은 세대들이 자포자기, 무력감에서 벗어나서 행동에 나서야 한다고 했다.

"아프지 마라. 위로받지 마라, 징징대지 마라. 그리고 분노하고 행동하라."고 주장하며 "현재의 아픔은 젊은 세대 자신들의 잘못이 아니다. 세상 탓이라는 것을 깨닫고 기성세대를 향해 '당신들 책임이다' 그러니 바꾸자."고 요구하라고 했다.

모두 옳다. 나는 장 교수의 주장에 전적으로 동의한다. 맞는다. 지금의 젊은 세대들에게는 아무런 잘못이 없다. 그러면서도 힘들고 고달픈 삶에 허덕거리고 신음해야 하는 것은 잘못된 세상 탓, 기성세대들 탓이다.

486, 586 기성세대들은 우리나라 산업화 1세대 역군이었던 그들 부모가 피땀으로 이루어 놓은 열매를 따먹으며 별다른 고생도 없이 성장하면서 대부분 이 처절한 삶의 아픔을 경험하지 못했다.

정치권은 어떤가? 오로지 당리당략과 사리사욕에 빠져 갑(甲)질이나 일삼고 있는 국회의원들은 '국해(國害)의원'이 되고 있다. 국회의원들은 국민을 위한 정치를 하는 것이 아니라, 신이 선택한 최고의 직업을 누리고 있다고 본다. 그들에게는 너무나 만족스런 직장이기 때문에 계속 공천을 받아, 마르고 닳도록 국회의원 해먹을 생각에만 몰두하고 있는지 모른다.

그들이 외치는 그럴 듯한 구호는 그야말로 구호일 뿐이다. 전혀 진정성이 없어서 자신들이 부르짖고도 자신들이 무슨 말을 했는지 기억조차 못해 끊임없이 말을 뒤집는 실정이다.

정말 그들이 해놓은 것은 아무것도 없다. 당연히 젊은 세대에게 실질적으로 도움을 준 것이 거의 없다. 그들 대부분이 기성세대이며 그 중심에 486, 586세대가 있다. 고용 불평등, 임금 불평등, 재벌 위주 경제구조를 고착시킨 것도 기성세대들이다. 젊은 세대들은 아무런 잘못 없이 기성세대 때문에 험하고 힘든 세상에 살면서 가혹한 희생을 당하는 셈이다. 젊은 세대들은 더 이상, 자포자기하고 좌절감에만 빠져 있을 때가 아니다. 장 교수의 주장처럼 아프다는 소리, 위로해 달라는 소리, 징징대지 말면서 분노하고 행동해야 한다.

다만, 문제는 어떻게 분노하고 어떻게 행동하느냐에 있다. 장 교수의 책은 젊은 세대들에게 분노하고 행동하라고 역설하지만, 경제학자여서 그런지 그 구체적인 해법이나 방법을 명확하게 제시하지 못한 아쉬움이 있다.

요즘 많은 젊은이들은 분노가 넘치고 있다. 그들은 충분히 분노하는 것이다. 그들은 사회적 분노로 말미암아 외적外的 스트레스에 휩싸여 있다. 진짜 문제는 그들이 올바르게 분노를 표출하지 못하는 데 있다.

그들의 넘치는 분노는 '욱' 하는 분노조절장애가 되어 충동적, 우발적 범죄, 묻지 마 범죄를 저지른다. 그렇지 않으면 SNS를 통해 엉뚱한 반체제적 발언이나 터무니없는 유언비어를 마구 유포하며 불평불만을 터뜨린다. 많은 젊은이들이 분노를 그릇되게 표출하며 기성세대들의 세상에 빗나간 저항을 한다.

그런다고 세상이 달라지지 않는다. 기성세대도 변하지 않는다. 얻는 것은 아무것도 없다. 오히려 젊은 세대 자신들의 앞날을 망치거나 점점 더 피폐해질 뿐이다. 분노는 있되 행동에 문제가 있기 때문이다.

1945년, 인류에게 엄청난 재앙을 초래한 제2차 세계대전이 끝났을 때, 패전국 독일은 말할 것도 없고 유럽 전체가 폐허의 잿더미로 변했다. 경제가 완전히 무너져 가난과 배고픔에 시달려야 했으며 일을 하고 싶어도 일자리가 없었다. 젊은이들은 참혹한 현실에 환멸을 느끼며 절망했다.

　기성세대들이 저지른 전쟁에 이끌려 나가 수천만 명의 젊은이들이 목숨을 잃었고, 암담한 미래에 대한 좌절감과 불안에 휩싸여 분노하고 저항했다. 예술가들은 그러한 사회비극과 부조리에 분노하는 젊은이들을 그려냈다. 그리하여 그들 젊은이들에게 붙여진 이름이 '로스트 제네레이션'Lost Generation, '성난 젊은이들 세대'Angry Young Man Generation였다.

　잃어버린 세대의 '성난 젊은이들'은 분노하며 현실에 저항했지만, 영국 작가 존 오스본의 〈성난 얼굴로 돌아보라〉에서 얘기하듯이 그것이 자칫하면 자신조차 파멸시킨다는 것을 깨달았다.

　그들은 생각을 바꿨다. 자신들의 분노를 자기 자신을 위해 분발하는 계기로 바꿨으며 절망감에서 벗어나 용기를 냈다. 그들은 과오를 참회하고 각성하는 기성세대들과 힘을 합쳐 국가재건, 경제재건에 앞장섰다. 그 결과, 10년이 지나지 않아 완전히 폐허가 되었던 독일도 부흥하기 시작했다.

　원자폭탄까지 맞은 일본도 패전국으로 엄청난 경제난에 시달릴 수밖에 없었다. 하지만 그들도 패전한 지 10년이 안 돼 다시 일어서기 시작했다. 그들에게는 운 좋게도 6.25 한국전쟁이라는 경제특수로 마침내 경제대국의 길에 빠르게 들어섰다.

지금 우리의 현실도 그 당시와 크게 다르지 않다. 역시 우리 젊은 세대들도 분노하며 '성난 젊은이'가 되고 있다. 그러나 분노와 저항에 머물러서는 안 된다. 그것은 자칫하면 자기 자신을 파멸시킬 뿐이다. 이제껏 우리 젊은이들은 분노나 아픔 등을 이해하고 힐링(치유)하는 과정을 거치며 위로를 받아왔다.

그러나 언제까지 위로만 받고 있을 수 있겠는가. 이제는 용기를 갖고 일어서야 한다. '용기'의 키워드로 무장하여 독해지는 방법을 익혀야 한다. 용기는 독해지고 악착같이 되는 데 최우선의 무기이다. 용기는 독해지지 않으면 생겨나지 않는다.

그래서 지금의 분노를 '분발奮發'로 바꾸어야 한다. 절망감에 빠진 자신에게 분노하고 자신을 채찍질하며 분발해야 한다. 분노는 절망에서 비롯된다. 그것을 분발로 바꾸어 현실에 덤벼드는 용기가 필요하다. 그래야만 절망에서 벗어날 수 있다. "지금 내가 이러고 있을 때가 아니다."라는 용기 있는 각오가 필요하다.

독한 놈이 살아남는다

너나없이 힘들게 살아가는 요즘 20~30대 젊은 세대들에게 두 가지 현상이 나타난다. 지나치게 무기력하거나 지나치게 과격한 것이다. 우리 사회가 이념, 빈부격차 등 갖가지 양극화 현상으로 신음하고 있지만, 젊은이들의 세태 역시 양극화되고 있는 듯하다.

무기력은 에너지를 소진시켜 자포자기, 체념상태를 만드는 강력한 정신방해제가 된다. 그런 무기력에 빠진 젊은이들은 니트족Not in Education, Employment or Training으로 전락하여 삶의 동기를 애써서 찾으려 하지 않는다.

공부도 안 하고, 취업을 위한 노력도 안 하고, 그저 멍 때리고 있는 것이다. 하는 일이라고는 방구석에 틀어박혀 컴퓨터 게임을 하거나 스마트폰만 들여다보는 것이 거의 전부다. 다행히 부모가 경제적으로 여력이 있으면 염치도 없이 놀고먹으면서 부모에게 얹혀서 산다.

과격은 온갖 갈등과 혼란, 불안으로 암담하기 짝이 없는 사회현실에 강한 불만을 품고 그것을 행동으로 옮기는 것이다. 좌절감, 박탈감 같은 온갖 사회적 스트레스에 휩싸여 분노하며 거칠게 감정을 폭발한다.

무기력하든, 과격하든, 자신의 발전에 아무런 도움이 되지 않는다. 허송세월하며 자신의 장래를 스스로 망쳐버리고, 분노나 감정의 조절장애를 겪는 인격 장애자가 되기 십상이다. 독하게 사는 것과는 전혀 거리가 멀다. 오히려 사회로부터 루저가 되고 도태당할 뿐이다.

독해져야 한다는 게 악랄하고 악질이 되어야 한다는 얘기는 절대 아니다. 다른 사람에 대한 배려 없이 이기주의에 빠지는 것도 독한 것이 아니다. 불법과 범법을 하며 자신의 욕심을 채우는 일은 독한 것이 아니다. 정의와 양심을 갖고, 자신의 삶과 일, 또한 하고자 하는 목표달성을 위해서는 자기 자신에게 가혹해야 한다는 얘기다.

우리나라 건설근로자의 23%가 대학졸업자라고 한다. 특히 20대는 30.3%, 30대는 39.6%가 대졸자로 거의 40%다. 온종일 벽돌, 시멘트를 나르고, 철근을 엮고 나르고, 더없이 힘든 육체노동을 하는 근로자가 건설근로자다. 생계를 위해 어쩔 수 없기도 하지만, 자신의 체면, 자존심 따위를 용기 있게 내팽개치고 양심적으로 정직하게 열심히 그리고 독하게 사는 것이다. 그래야 살아남는다.

사회를 탓하고 환경을 탓하지 말자. 사회가 힘들고 환경이 열악할수록 오히려 더욱 강해지고 독해져야 살아남는다. 독종이 되어야 한다.

경제학에 '메기 이론'이 있다. 어느 양어장에서 미꾸라지를 양식하는 데 아주 좋은 성장환경을 조성해 주고, 아무리 좋은 먹이를 넉넉하게 줘도 미꾸라지들이 잘 자라지 못하고 활동성도 떨어져 발육상태가 점점 나빠졌다.

양어장 주인은 다른 양식업자의 조언을 듣고 양어장에 몸집이 큰 육식성 메기 여러 마리를 넣었다. 그러자 얼마 지나지 않아 미꾸라지들이 몰라보게 커지고 활동성도 아주 좋아졌다. 미꾸라지들이 메기에게 잡혀 먹히지 않기 위해 온종일 필사적으로 피해 다니면서 활동성도 크게 향상되었다.

물고기는 부레가 있어서 물에 뜨고 생존이 가능하다. 부레가 없으면 잠시만 가만있어도 가라앉아 죽고 만다. 그런데 바다의 상어는 물고기 가운데 유일하게 부레가 없다고 한다. 태어나는 순간부터 죽을 때까지 끊임없이 움직여야 한다. 그런 치열한 생존투쟁이 상어를 바다의 제왕으로 만들었다.

북극지방이나 시베리아, 남극지방, 사막지대와 같은 극한지대에 사는 주민들을 보라. 그들은 극심한 악조건을 극복하며 더욱 강인하게 살아간다. TV에서 〈차마고도茶馬古道〉라는 다큐멘터리를 본 사람들이 많다.

차마고도는 중국 끝자락에서 티베트, 네팔을 거쳐 인도에 이르는 세계에서 가장 험한 길이다. 해발 4천 미터가 넘는 험준한 산길, 높이 5천 미터가 넘는 설산, 아찔한 계곡을 수없이 걸어서 몇 달을 가야 하는 길 아닌 길이다. 십여 명이 잔뜩 짐을 실은 수십 마리의 말떼를 이끌고 오가며 소금, 곡식, 약재 등을 교환한다.

차마고도를 오가는 상인들을 보면 히말라야의 세계 최고봉들을 정복하는 등반가들보다 더 어렵고 힘들게 느껴진다. 하지만 아무런 불평 없이 차마고도를 오간다. 생존을 위한 것이다. 더없이 척박한 환경에서도 뿌리를 내리고 대를 이어 끈질기게 살아간다. 그들은 그렇게 지독하게 생활함으로써 생존을 이어간다.

세상에는 인간의 능력으로 과연 해 낼까 하는 극한직업들도 많다. 최악의 환경에서 극한직업에 종사하는 사람들도 묵묵히 살아간다.

사회와 현실을 탓하고 불평만 늘어놓으며 앉아 있지 말자.

아무것도 하지 않으면 그야말로 도태된다. 독해져야 한다. 고통으로 가득한 현실에 적극적으로 대응해야 한다. 움직이지 않으면 아무 일도 일어나지 않는다. 고통스런 현실이 그대로 이어질 뿐이다. 과감하고 용기 있게, 그리고 독하게 현실과 맞서야 살아남는다.

과연 어떻게 독해질까

어떡하면 독해질 수 있을까?

어떡하면 독종이 되고 악바리가 될 수 있을까?

무엇을 생각하기는 쉽지만 그것이 자신의 진정한 마음이 되어 결심하고 실천하기는 결코 쉽지 않다.

흡연자들이 여간해서 담배를 못 끊는 것이 좋은 예가 된다. 흡연자들은 입버릇처럼 담배를 끊어야겠다고 말한다. 특히 해가 바뀌면 새해에는 반드시 담배를 끊고야 말겠다고 결심한다. 그러나 실천은 며칠을 가지 못한다. 그래서 '작심삼일作心三日'이 된다. 여성들의 살 빼기도 비슷하다. 모두 의지와 심지心志가 굳지 못한 탓이다.

강한 의지와 집념이 없으면 절대로 독해질 수 없다. 독해지려면 무엇보다 자신의 한계를 극복해야 한다. 이를 악물고 자신의 한계를 넘어서려고 안간힘을 다해야 독종이 된다.

스포츠의 기록경기들을 보자. 이를테면 단거리 수영이나 단거리 육상, 스피드 스케이팅 등은 1초를 다투는 경기다. 아니, 0.1초, 0.01초 차이로 승부가 결정 난다. 0.01초 차이로 챔피언이 되고 기록을 경신하는 경우가 흔하다. 높이뛰기나 장대높이뛰기는 불과 1~2센티 차이로 세계기록을 경신한다.

정상급의 선수들에게는 그 간발의 차이가 넘어서기 어려운 마의 벽이 된다. 그래서 0.01초, 1센티를 극복하기 위해 온갖 고통을 참으며 외롭게 자신과 치열하게 싸운다. 자신의 한계를 극복할 수 있는 방법은 피나는 연습과 훈련뿐이다.

운동선수들은 젊다. 그들도 다른 젊은이들처럼 친구들과 어울려 술 마시며 웃고 떠들고 춤추고 싶다. 그들도 이성친구와 데이트하며 즐거운 시간을 보내고 싶다. 편안한 시간을 보내며 마음껏 먹고 자고 싶다.

하지만 그들은 눈물을 머금고 온갖 유혹을 참는다. 즐거움과 편안함을 과감하게 포기한다. 그리고 강한 집념으로 오직 훈련에만 매달려 밤낮으로 정말 독하게 연습한다. 그들의 신기록은 피와 눈물과 땀으로 이루어진다.

피겨 스케이팅의 김연아 선수가 빙판에서 펼치는 연기는 더없이 아름답고 우아하다. 그의 점프는 경이로움까지 느껴지게 한다. 하지만 일곱 가지나 되는 난이도 높은 점프, 한 가지를 연습할 때마다 3천 번 이상 넘어지고 엉덩방아를 찧었다고 한다. 어린 소녀에게 그런 고통을 참아내는 독한 의지와 집념이 없었다면 그녀의 세계 챔피언은 불가능했다.

독해지려면 먼저 자기 자신을 학대하고 심하게 고문하는 의지가 있어야 한다. 불교에 '오체투지五體投地'라는 수행이 있다. 합장한 자세로 무릎을 꿇고 두 팔꿈치와 머리가 땅에 닿게 엎드려 절한다. 온몸을 던진다는 뜻의 오체투지다. 실제로 해 보면 불과 몇 번 하기도 무척 힘들다.

티베트 불교의 신자들은 평생에 한 번 성지를 순례해야 한다고 한다. 그들은 다섯 걸음에 한 번씩 오체투지를 하며 여러 달 동안 수백, 수천 킬로를 걸어 성지가 있는 라사까지 간다. 참회와 복종, 자기 수행이라지만, 그 과정은 엄청난 자기 학대이며 고문이다. 하지만 그들은 그처럼 독한 의지와 집념으로 성지를 순례함으로써 자신의 목표를 이뤄낸다.

오체투지까지는 아니더라도 한계를 극복하기 위한 손쉬운 연습 방법이 있다. 철봉 매달리기와 같은 것이다. 철봉에 매달려 턱걸이를 해 보라. 간신히 다섯 번을 했다면 일곱 번을 할 때까지 기를 써 보라.

처음에 열 번을 했다면 그 다음은 열두 번…… 자신이 간신히 해낼 수 있는 것보다 두세 번 더할 수 있게 될 때까지. 실내에서 팔굽혀펴기도 좋다. 평소에 간신히 열 번을 할 수 있다면 열다섯 번을 할 수 있을 때까지 매일 연습해 보라. 의지와 집념 그리고 끈기가 있다면 틀림없이 해낸다.

물론 그 과정은 무척 힘들다. 하지만 고통을 참아내고 땀을 쏟으며 자신과 싸워서 이겨야 한다. 그 과정이 바로 독해지는 과정이다.

나는 불교신자는 아니지만, 불교의 108배나 3천 배도 좋은 수련방법으로 여긴다. '108배'는 108번을 쉬지 않고 엎드려 절을 하는 불교의 자기수양으로 모든 번뇌를 잊고 마음을 비우기 위한 수련이지만 일반인들도 심신수양의 수련방법이 된다.

턱걸이, 팔굽혀펴기를 하든, 108배를 하든, 매일같이 실천을 한다면 자신도 모르게 끈기와 집념이 생기듯이, 무슨 일을 하더라도 대충대충, 적당히 해버리지 않고 몰입하는 방법을 익혀야 될 것이다.

한계를 극복하며 턱걸이, 팔굽혀펴기 횟수를 늘려나가고, 108배를 완수했다는 자신감이 자기를 점점 독하게 바꾸어놓을 수 있다. 이처럼 독해지는 방법을 몸이든 마음으로든 집중해서 실천해 봄으로써 기대했던 목표를 마침내 이룩하게 된다. 의지와 심지가 굳지 못하다면, 당장 자신을 학대하고 자신의 몸을 스스로 고문해 보는 것도 방법이다.

이봐, 해 보기나 했어?

우리나라 역대 경영인들의 어록 가운데 현대그룹 고故 정주영 회장의 "이봐, 해 봤어?"가 최고의 어록으로 뽑혔다.

신화로 불리는 정 회장의 무無에서 유有를 창조한 일화는 무수히 많고 널리 알려져 있다. 정 회장의 일에 대한 열정은 아무도 따라올 수 없는 악바리였고 독종이었다.

1984년, 정 회장은 서산 앞바다의 간척사업을 시작했다. 당시 국내 최대공사였다. 잘 진행되던 공사가 물막이 공사에서 큰 난관에 부딪쳤다. 거센 물살에 물막이 방파제를 만들려던 큰 돌멩이들이 모두 휩쓸려 간 것이다. 공사 담당자들은 난감하기 그지없었다. 대책이 없었기 때문이다.

현장을 둘러보던 정 회장이 한 가지 아이디어를 냈다. 폐선해 버리려던 낡은 대형 유조선을 끌어다가 바닷물을 막자는 것이었다. 공사 담당자들은 어처구니가 없었다. 도저히 불가능한 아이디어였기 때문이다. 당연히 모두 부정적인 의견을 내놨다. 그 때 정 회장이 한 말이 "이봐, 해 봤어?"였다.

"해 보기는 했어?"

왜 해 보지도 않고 부정적인 선입견부터 갖느냐는 질책이었다. 결국 정 회장의 아이디어는 대성공을 거두었고, 세계건설업계에서 '정주영 공법'이라는 신조어까지 나오게 만들었다.

정 회장의 경영철학은 '되면 한다.'가 아니라, '하면 된다.'였다. "길이 없으면 찾으면 되고, 그래도 없으면 닦으면 된다."였다. 이 얼마나 패기 넘치는 열정인가.

역사를 창조하는 사람들의 참모습이다. 역사는 그대로 흘러가면 그냥 역사적 사실事實이 된다. 거기에 창조를 곁들여 새로운 인간의 삶을 만들어내는 것이 위대한 일이다. 정 회장의 '하면 되고, 없으면 찾아서라도 만들어내는' 그 모토가 바로 후세를 위한 든든한 길목을 이루어놓는 역사歷史가 되는 것이다.

그는 잠자리에 들 때마다 다음 날 할 일을 생각하면 초등학생이 소풍가는 날처럼 가슴이 설레 아침에 아주 일찍 일어난다고 했다. 이처럼 자신의 하는 일에 완전히 미치광이가 되면 저절로 독해진다. 잘 알려진 바와 같이 정 회장은 지금은 북한 땅인 강원도 통천의 가난한 농가에서 태어나 초등학교도 마치지 못했다. 그리고 무작정 상경해서 쌀가게 점원으로 일했다. 20대 초반에 쌀가게를 직접 차렸지만 일제의 쌀 배급제로 실패했다. 뒤를 이어 자동차수리업에 손을 댔지만 그것도 실패했다. 어느 누가 정주영이 국내 최대의 재벌이 될 줄 짐작이나 했겠는가. '하면 된다.'는 집념과 용기가 그를 독하게 만들었기에 가능했다.

취업하기가 '하늘에 별 따기'라며 가만히 있지 말고 무엇이든 해 보라. 해 보지도 않고 겁을 내거나, 내가 할 일이 아니라고 외면하거나, 무조건 부정적 선입견을 갖지 말아야 한다.
"해 보기는 했어?"
되새겨 볼 말이다.

PART 2
'오늘'을 독하게 살자

독해지고 싶거든
단순해져라

독해지고 싶다면 우선 어떤 마음 자세를 갖추어야 할까.

먼저 단순해져야 한다. 생각이 복잡하면 근심, 걱정이 많아지고 무엇인가 불안하다. 에너지가 수많은 생각들로 흩어져 집중력이 크게 떨어진다. 그에 따라 부정적인 생각들이 많아져 차츰 자신감과 용기가 줄어들고 모험은 기피한다.

문제가 발생하면 자기 생각의 복잡성을 인정하려 들지 않고 모두 사회 탓으로 돌린다. 사회에는 혼란과 갈등이 가득하고 미래조차 불안한데 어떻게 단순해질 수 있느냐는 것이다.

이럴 때 도움을 받게 되는 책이 있다. 일본의 철학자 가시미 이

치로岸見一郎와 작가 고가 후미타케古賀史健이 함께 쓴 〈미움 받을 용기〉라는 책인데, '어떻게 행복한 인생을 살 것인가'가 주제다.

오스트리아 정신분석학자이자 세계적 심리학자인 알프레드 아들러Alfred Adler의 개인심리학을 바탕으로 우리의 삶, 인생과 관련된 여러 문제들을 알기 쉽게 다루어 큰 공감을 준다. 특히 "세계는 단순하고 인생 역시 단순하다. 따라서 자신이 변화하면 누구나 행복할 수 있다."는 주장에 관심이 간다.

철학자와 청년의 대화형식으로 구성된 이 책에서 청년이 묻는다.

"세계는 단순하고 인생 역시 단순하다? 물론 아이에게는 그럴 수 있겠죠. 아이들 눈에 비치는 세계는 단순한 모습을 하고 있죠. 하지만 어른이 되면 세계는 그 본성을 드러냅니다. '너는 그 정도밖에 안 되는 인간이다.'라는 현실을 매정하게 보여주고, 인생 앞에 기다리던 모든 가능성이 불가능성으로 반전됩니다. 행복한 낭만주의의 계절은 막을 내리고 잔혹한 리얼리즘의 세계가 열리는 것이죠."

"그래. 재미있군."

"그뿐이 아닙니다. 어른이 되면 복잡한 인간관계에 얽히고 수많은 책임을 떠안게 됩니다. 일, 가정, 사회적 역할 등 모든 것이 그렇습니다. 물론 어린 시절에는 이해하지 못했던 차별과 전쟁, 빈부격차 같은 사회의 온갖 문제도 무시할 수 없습니다. 아닙니까?"

"그렇지. 계속해 보게."

"종교가 힘을 가졌던 시대에는 신의 가르침이야말로 진리이며 세계이며 전부였죠. 그 가르침에 따르기만 하면 따로 고민할 필요도 없었죠. 하지만 종교는 힘을 잃고 신에 대한 믿음도 빈껍데기만 남았습니다. 의지할 존재가 없는 상태에서는 누구나 불안에 떨고 시기와 질투심만 가득하게 되죠. 하나같이 자기만 생각하면서 삽니다. 그것이 현대사회입니다. 선생님, 말씀해 주십시오. 이런 현실을 보면서 세계가 단순하다고 주장하시겠습니까?"

"내 대답은 같네. 세계는 단순하고 인생도 그러하지."

"어째서요? 누가, 어떻게 보아도 세계는 혼돈과 모순으로 가득한 곳이 아닙니까?"

철학자가 대답한다.

"그것은 세계가 복잡해서가 아니라 자네가 세계를 복잡하게 보고 있기 때문일세."

"제가요?"

철학자가 설명한다. 인간은 누구나 객관적인 세계에 사는 것이 아니라, 스스로 의미를 부여한 주관적인 세계에 살고 있다는 것이다. 따라서 저마다 세계를 보는 관점이 다르며 누구와도 공유할 수 없는 세계라는 것이다.

철학자는 우물을 예로 든다. 우물의 물 온도는 일 년 내내 변함없이 18도인데, 겨울에는 따뜻하게 느껴지고 여름에는 차갑게 느껴진다는 것이다. 우물 물의 온도는 전혀 변함이 없는데 말이다. 그것이 바로 주관적인 세계에 살기 때문이라고 말한다.

우리는 '어떻게 보고 있는가'라는 주관의 지배를 받고 있으며 자신의 주관에서 벗어날 수 없다는 것이다. 선글라스를 쓰고 세상을 보면 세상은 어둡게만 보인다. 선글라스를 쓰고 세계가 어둡다고 한탄할 것이 아니라. 선글라스를 벗으면 맨눈에 비치는 세계는 강렬하고 눈이 부셔서 저절로 눈을 감게 될지도 모른다며 다시 선글라스로 바라볼 수 있을까? 우리에게 과연 그럴 용기가 있을지 그것이 관건이라는 것이다.

여기서 말하는 '세계'는 세상, 즉 사회일 수도 있으며 공동체일 수도 있고, 인간관계와 같은 자기 자신과 외부와의 관계일 수도 있다. 따라서 이러한 세계와 원만한 관계를 가지려면 자기중심적 사고, 주관적 사고에서 벗어나야 한다. 물론 그것은 쉬운 일이 아니다. 누구나 '내가 세상의 중심이다.'라는 자기중심적 사고가 뿌리 깊게 자리 잡고 있기 때문이다.

그러한 주관적 세계에서 벗어나는 것이 자기를 변화시키는 것이며 자신을 변화시켰을 때, 세계(세상)는 단순해지고, 자신도 단순해진다. 그러자면 용기가 절대적으로 필요하며 자신이 단순해지면 세상도 단순해지고, 저절로 행복해진다는 얘기다.

솔직히 우리의 삶은 고달프고 힘들기 그지없다. 자신의 욕망과 목표와의 갈등, 빈부격차를 비롯한 경제적 갈등, 세대 간의 갈등 등 숱한 갈등에 시달린다. 특히 젊은이들이 그러하다. 수많은 젊은이들이 불안한 미래, 취업난, 경제난 등으로 갈등하며 좌절하고 있다. 모두 행복과는 거리가 멀다.

그러면서도 힘이 들 때마다 그런 갈등과 좌절의 책임을 슬쩍 사회 탓으로 돌린다. 어찌할 수 없는 절망에 분노하며 반사회적 보복행위에 나서기도 한다. 우리나라 사회갈등은 OECD 34개국 가운데 거의 꼴찌(27위) 수준으로 높다. 그에 따른 반사회적 행동은 연구대상이 될 정도로 세계 최고수준이다.

물론 우리가 행복하지 못한 이유에는 사회의 책임도 적지 않다. 그렇다고 분노를 견디지 못해 반사회적 보복행위를 한다고 해서 달라지는 게 무얼까? 자신이 얻을 이득이 무얼까? 자신에게 어떤 긍정적인 변화가 찾아올까?

사회에 대한 불평, 불만이 많을수록 머리가 복잡해지고 스트레스만 늘어난다. 스트레스가 늘어나면 머리는 더욱 복잡해지는 악순환이 되풀이된다. 복잡한 생각들로 온갖 스트레스가 쌓이면 가슴속의 분노가 들끓고 마침내 폭발한다. 모두 자기 탓인데 왜 자기 탓은 생각하지 않는가? 과연 자기는 아무 잘못도 없는가?

나도 더없이 복잡하다. 출판사 일하랴, 글 쓰랴, 가정 일하랴. 남편과 아이 뒷바라지하랴. 정말 눈코 뜰 새 없다. 새벽에 일어나 출판사에 나가 온종일 일하고 밤늦도록 글 쓰면서 힘든 적이 한두 번이 아니다.

"이게 사는 건가?"

"이렇게 정신없이 살아서 어쩌자는 거야?"

그뿐이 아니다. 심각한 경제 불황으로 출판사들은 단군 이래 최고의 불황이라고 난리다. 만들어 봤자 잘 팔리지 않으니까 책 내기가 두렵기만 하다. 출판사가 책을 안 만들면 글 쓰는 작가들은 실업자 신세다. 이러다 보니 감당하기 힘든 현실에 불만이 쌓여간다. 아, 정말 머리가 복잡하다. 그렇다고 해서 사회가 나를 도와주나. 또한 누가 나에게 깊은 관심을 가지고 도와주나.

그래서 생각을 잠시 바꾸어 보았다. 나는 단순해지기로 했다. 먼저 현실을 받아들였다.

"가정 일이나 남편과 아이 뒷바라지는 주부라면 누구나 하는 일이다. 글 쓰는 것, 출판 일은 내가 좋아서 하는 일이다. 그런데 누굴 탓하고 무엇을 탓해?"

그러면서 그때그때 해야 하는 일 한 가지에만 집중했다. 그랬더니 스트레스가 한결 줄어들고 머리가 맑아졌다. 단순하게 한 가지에만 집중하니 하는 일의 능률이 오르는 거다. 그것이 바로 행복이 아닐까 생각했다.

   운동선수들은 어찌 보면 참 단순하다. 야구선수들의 경우, 투수는 오직 공을 잘 던지는 것에 집중하고, 타자는 공을 잘 치는 것에만 집중한다. 그들의 생각은 어떡하면 공을 더 잘 던질 수 있을까, 어떡하면 공을 더 잘 칠 수 있을까, 그것 한 가지뿐이다.

   그들은 팀 탓을 하지 않는다. 공을 잘 못 던지고, 잘 못 치는 것은 자기 탓이라고 생각한다. 그러다가 공을 더 잘 던지고, 더 잘 치게 되면 더할 수 없이 기뻐한다. 기록경기의 선수들은 자신의 기록을 경신하면 크나 큰 희열을 느낀다. 운동선수들은 그런 단순한 느낌으로 행복한 생각을 갖는다. 아무리 고된 훈련도 힘들게 여기지 않고 독하게 연습하고 또 연습한다. 좀 더 잘해서 행복하기 위해서.

   세상이 혼란과 갈등으로 복잡할수록 단순해야 한다. 생각이 많을수록 단순해지려고 노력해야 한다. 그것이 자신을 변화시키는 길이다. 자신이 단순해지면 세상도 단순해지고, 자신이 변하면 행복해진다. 단순해야 자신의 능력과 역량을 분산시키지 않고 한 가지에만 집중하므로 독해질 수 있다.

   "단순해라. 그리고 그것에 매몰되어라."

   이렇게 거듭해서 강조하고 싶다. 우리는 절대적으로 단순해질 필요가 있다.

똑똑한 사람은 똑똑해서 실패한다

주변에는 똑똑한 사람들이 많다. 모두 똑똑하고, 잘나 보인다. 좀 모자라는 듯한 사람, 어수룩한 사람은 없는 듯 보인다.

어쩌다 사소한 일로 시비가 붙으면, 합리적으로 잘잘못을 가리기를 꺼린다. 도리어 자기주장만을 고집하며 고함치다가 그것이 통하지 않으면 다짜고짜 폭력과 흉기까지 휘두른다. 옳고 그름을 따지기 이전에 상대방보다 자기가 더 똑똑해서 무조건 옳다고 우기기 때문이다.

서비스업을 비롯한 감정 노동자들의 애환을 돌아보기에 앞서 감정노동 종사자들이 조금만 불친절하고 마음에 들지 않는다고 일방적으로 억지를 부리는 고객들도 자주 등장한다. 어쩌다가 자기 의

견이 통하지 않으면 마구 호통을 치며 윽박지른다. 마침내 무릎까지 꿇게 하고 갑(甲)질을 저지르는 그런 이들은 자신이 갑(甲)이어서 아랫사람에게 얼마든지 호통 칠 수 있다는 착각과 허세를 마음대로 이용한다.

최근 각급 학교에서 교사가 학생의 잘못을 좀 심하게 질책하거나 행여 손바닥만 때려도 난리가 난다. 학생이 휴대폰으로 자기 부모에게 급히 고자질하면 부모가 득달같이 달려온다.

자식의 잘못은 아랑곳하지 않고 교실로 뛰어 들어와 많은 학생들 앞에서 교사에게 우리 아이를 왜 괴롭히느냐며 욕설을 퍼붓고 폭력까지 휘두르는 사건들도 있다. 그런 무례한 행동을 하는 그들은 자기가 교사보다 더 똑똑하고 잘났다는 착각에 빠져 있는 것이다.

더욱이 부정과 비리나 사기, 횡령으로 큰돈을 벌었든, 졸부가 되었든 자기가 똑똑해서 돈을 많이 번 줄 안다. 갑자기 신분 높은 상류층이 되어 다른 사람들을 아랫사람 취급한다. 감정노동자들에게는 무조건 반말하고 사소한 일에도 트집을 잡고 마구 꾸짖으며 똑똑한 척 훈계한다.

하지만 여기서 갑질 논란이나 가진 자의 횡포를 얘기하려는 것은 아니다. 경영과 관련된 어느 어록을 보다가 '똑똑한 사람은 똑똑해서 실패한다.'라는 구절을 다시 한 번 새겨볼 필요가 있어서 거론

한 것이다.

우리 사회에 똑똑하고 잘난 사람이 넘쳐난다. 그것은 국민들의 의식과 교육 수준이 크게 높아진 까닭도 있고, 치열한 경쟁사회에서 밀려나지 않으려면 똑똑한 척, 잘난 척해야 한다는 허세와 위세를 부리고 싶어 하기 때문이다.

똑똑한 사람들은 다른 사람들을 쉽게 믿으려 하지 않는다. 아무리 옳은 말이라도 남의 말에 선뜻 동조하면 그 사람보다 자기가 똑똑하지 못한 것 같기 때문에 어떡해서든지 존재감을 내세우려 하고 무엇인가 토를 달려고 한다. 그 때문에 옳은 방향도 그르쳐져 일을 망치기도 한다.

똑똑할수록 이기적이고 개인주의가 강하다. 아는 척하며 똑똑함을 내세우려 하다 보니 구성원들과 화합이 이루어지지 않을 뿐더러 호감을 얻지 못한다. 그 때문에 실패할 확률이 높아진다.

똑똑한 사람은 생각이 앞서가기 때문에 어떤 일을 추진할 때 부정적인 면이나 실패할 확률을 머릿속에서 계산하는 속성이 있다. 따라서 좀처럼 용기를 내지 못하고 모험을 하지 않는다. 그러면서 누가 뭐래도 자기 판단이 옳다고 착각한다.

문제는 또 있다. 똑똑한 사람은 꾸준함이 부족하다. 그들은 요령이 좋은 것을 똑똑한 것으로 착각한다. 그래서 우둔하게 한 우물을 파려고 하지 않는다. 무엇을 하다가 잘 안 될 것 같으면 재빨리 다른 것으로 바꾼다. 그러다가 그것도 안 되면 또 바꾸고…… 결국은 아무것도 성취하지 못하고 실패할 때가 많다. 한마디로 똑똑한 사람은 자기를 지나치게 과신하기 때문에 독해질 수가 없다. 이 세상에는 자기보다 더 똑똑한 사람들이 얼마든지 있다. 독하지 않으면 이길 수 없다. 결국 어설프게 똑똑하기 때문에 실패한다.

미국의 최고경영인의 한 사람인 제레미 구체Jeremy Gutsche는 그가 쓴 〈어제처럼 일하지 마라〉에서 이렇게 조언했다.

"내가 최고이며 내가 제일 잘 안다는 함정이야말로 더 큰 가능성에 도달할 수 있는 여지를 차단한다. 새로운 발견을 가로막는 가장 큰 장애물은 무지無知가 아니다. '안다'라는 환상이다."

일본인들은 종업원을 부를 때 '스미마셍!' 하고 말한다. '미안합니다.'라는 뜻이다. 미국에서 500대 부자를 조사해 봤더니 그들이 가장 많이 쓰는 말이 '감사합니다.'였다.

일본에서 '경영의 신'으로 불리는 마스시타松下 전기의 창업자 마스시타 고노스케는 언제나 겸손했다. 그는 공부를 많이 못했기 때문에 평생 모든 사람들에게 배우려고 노력한 것이 성공의 비결이라고 말해 왔다.

똑똑하고 잘나 봤자 얼마나 똑똑하고 잘났겠는가? 인간의 두뇌는 큰 차이가 없다. 잘나 봤자 어느 한두 분야에서 남보다 조금 뛰어날 뿐이다. 내가 아무리 잘나 봤자 구두닦이보다 구두를 잘 닦을 수 없고, 떡장수보다 더 떡을 잘 만들지 못한다. 고기를 잘 썰어 봤자 정육점 주인보다 잘 자르지 못한다.

　우리는 수많은 사람들의 도움으로 살아갈 뿐이다. 자기 혼자서는 아무리 잘났어도 살 수가 없다. 마스시타 고노스케는 남녀노소를 막론하고 모든 분야의 사람들에게 열심히 듣고 열심히 배웠다. 그 덕분에 일본 최고의 경영자가 될 수 있었다. 겸손해서 손해 보는 일은 거의 없다. '미안합니다.', '감사합니다.'라는 말을 생활화하고 항상 남에게 배우려는 겸손함이 있다면 인간관계가 좋아진다.

수저계급론이 어찌 운명론이 되게 하랴

금수저, 은수저, 동수저, 흙수저, '수저계급론'이 꾸준히 사회적 담론이 되고 있다. '개천에서 용 난다.'는 부질없는 허튼소리란다. 부모가 권력과 재력이 있어야 그 도움으로 좋은 신분과 재산을 손쉽게 얻어 '금수저'가 될 수 있단다. 부모가 아무것도 가진 것이 없는 '흙수저'는 대를 이어 흙수저가 될 수밖에 없다는 불평등한 현실에 대한 자조적인 불만과 분노가 수저계급론을 파생시켰다.

어떤 서울대 학생이 투신자살했다. 그는 SNS에 남긴 유서에서 "서로 수저 색을 논하는 이 세상에서 나는 독야청청 '금전두엽'(좋은 머리)을 가진 듯 했다. 하지만 나는 금전두엽을 가지지도 못했으며,

생존을 결정짓는 것은 전두엽 색깔이 아닌 수저 색깔이었다. 나를 힘들게 만든 건 이 사회이고, 나를 부끄럽게 만든 건 자신이며, 자신과 세상에 대한 분노가 너무 큰 고통으로 다가온다."라고 했다.

지독하게 공부해서 서울대학교에 들어갔을 유능한 청년이 스스로 목숨을 끊은 것은 안타까운 일이다. 그의 아버지는 대학교수이고 어머니는 중학교 교사였으니 결코 흙수저는 아니다. 그 학생이 우울증에 시달려왔다는 것이 자살의 동기인 듯하다. 하지만 그의 유서내용은 이해할 만하다.

가엾은 흙수저들에게 이렇게 말해 준다

총명한 두뇌로 능력을 지녔고 스스로 노력만 한다면 어느 정도 성공이 보장되어야 한다. 개인의 능력보다 부모의 능력에 따라 삶이 결정되는 것이 요즘 세태이다 보니 수저계급론은 마치 운명론처럼 여겨진다.

재벌이나 부자들은 어김없이 부富를 대물림해 오는 것을 우리들은 보고 있다. 권력을 가진 자들은 그것을 이용해서 자기 자식들까지 좋은 직장과 신분을 만들어줘 금수저를 이어가게 한다. 이럴진대 어찌 개천에서 용이 나올 수가 있을까. 능력 있는 부모를 못 만난 자식들은 맥이 빠져 자조한다.

경영이 어려워진 어느 대기업이 희망퇴직, 감원, 해고 등의 구조조정을 단행했다. 입사경력 1~2년에 불과한 신입사원까지 대상이 되어서 큰 논란을 일으켰지만, 부모의 도움으로 그 기업에서 일하는 임원이나 간부들의 자녀는 슬그머니 그룹 계열사로 자리를 옮겨줘 변함없이 금수저를 이어가게 했다. 이럴 때 그런 부모를 두지 못한 자녀들은 흙수저론이란 자괴감에 빠진다.

미국에서는 100대 부자 가운데 78명이 자수성가한 창업자들이다. 그런데 우리나라는 100대 부자 가운데 무려 84명이 상속자라고 한다. 우리나라에서 자수성가는 그만큼 어렵다. 금수저가 금수저되고, 흙수저는 대를 이어 흙수저일 뿐이니 당연히 '수저계급론'에 고개를 끄덕일 수밖에 없다. 그것이 사회적 불만으로 확산되는 것이다.

로스쿨도 그렇다. 졸업하면 변호사가 되기 쉬운 로스쿨은 학비가 장난이 아니다. 사립대학의 경우, 3년 동안 학비와 최소한의 경비를 합치면 1억 원 가까이 들어간다. 흙수저들은 도저히 감당할 수 없는 액수다. 그나마 흙수저들이 개천에서 용이 날 수 있는 사법고시는 조만간 폐지될 위기에 놓여 있다.

자연히 로스쿨에는 권력이나 재력이 있는 금수저의 자녀들이 모이는 구조다. 그러다 보니 어느 국회의원의 아들이 졸업시험에 불합격하자 국회의원 아버지가 학교로 원장을 찾아가고, 국회로 부원장을 부르는 권력남용 사건이 벌어지기도 했다. 금수저들이나 가능한 얘기다.

의과대학도 별로 다르지 않다. 6년 동안 학비도 만만치 않으려니와 흙수저들은 의사가 되더라도 월급쟁이 의사가 될 뿐이다. 개인병원을 차려 돈을 벌려면 어마어마한 비용이 들어가니 금수저들이나 가능한 일이다.

가엾은 이런 흙수저에게 한 마디 하고 싶다. 우리의 현실이 그렇다고 좌절하고 있을 것인가? 희망이 없다느니, 운명이니, 신세타령만 하면서 대를 이어 흙수저에 만족할 것인가? 금수저들에게 불만만 터뜨리고 있을 것인가? 어떻게 태어났든, 이 세상에 태어났으면 한번 멋지게 살아보아야 할 것 아닌가?

흙수저로 태어나서 자수성가한 현대그룹의 고故 정주영 회장은 길이 없으면 찾아야 하고 그래도 없으면 길을 뚫어야 한다고 했다. 흙수저가 인생역전을 하겠다고 로또복권에나 매달려서야 되겠는가? 로또복권의 당첨확률은 약 840만분의 1이다. 그보다 벼락 맞을 확률이 더 높다. 인생역전은 아무런 노력도 안 하고 요행으로 얻어지지 않는다.

반드시 흙수저에서 벗어나고야 말겠다면, 독한 집념을 가지고 발버둥치고 몸부림치며 안간힘을 써야 한다. 방법이 없는 것은 아니다. 길이 없으면 뚫으라고 했듯이 새로운 길을 찾거나 만들어야 한다.

한때, 크게 각광을 받으며 많은 벤처 기업가들이 인생역전에 성공했다. 수천억의 재산을 모아 당당한 금수저가 된 젊은 벤처 기업가들도 적지 않았다. 그들은 빠른 시간에 자수성가하고 많은 재산을 모았지만 저절로, 요행으로 운 좋게 된 것은 아니다. 남다른 창의력과 아이디어가 있었기 때문에 가능했다.

스티브 잡스가 불과 1천 달러를 가지고 애플을 창업했고, 빌 게이츠가 불과 19세에 컴퓨터 소프트웨어에 덤벼들어 크게 성공한 것과 우리 벤처 기업가들의 인생역전은 크게 다르지 않다.

지금도 미국 실리콘 벨리에는 젊은 과학자들이 넘쳐난다. 그들은 오직 자신의 머리 하나만 믿고, 독한 집념으로 불철주야 첨단산업의 새로운 아이디어 개발에 매달려 있다. 그들 가운데 틀림없이 금수저를 능가하는 다이아몬드 수저가 나올 것이다.

중국의 억만장자인 알리바바 그룹의 마윈은 사범대학을 졸업하고 영어교사를 하다가 28세에 통역회사를 차려 기업경영을 시작했고, 35세에 알리바바를 설립했다. 일본의 손정의는 24세에 '소프트뱅크'라는 컴퓨터 소프트웨어 판매회사를 차려 성공하면서 꾸준한 사업 확장으로 억만장자가 되었다.

이들은 금수저가 아니었다. 일찍이 자수성가해서 금수저를 넘어서는 다이아몬드 수저가 된 인물들이다. 페이스북을 창업해서 세계 최연소 억만장자가 된 저커버그는 이제 겨우 32세다.

자신의 수저 색깔을 어떻게 바꿀까

이들이 젊은 나이에도 억만장자가 되어서 자신의 수저 색깔을 확 바꾼 이유는 어디 있을까?

첫째, 이들의 공통점은 확고한 신념과 분명한 자기 철학이 있었다는 것이다.

빌 게이츠나 스티브 잡스가 그랬던 것처럼 이들은 일찍부터 자신이 좋아하는 것, 큰 관심을 가진 것에 집중하고 몰두하며 독하고 끈질기게 파고들었다. 그들은 미래를 내다볼 줄 알았다. 미래를 내다보고 자신이 독하게 추구하는 것들이 앞으로 '세상을 바꿀 수 있다'는 확고한 신념에서 나온 것이다. 그리하여 자기 철학에 따라 조금도 주저하지 않고 앞만 보고 내달렸다.

그렇다. 자신의 힘으로 수저 색깔을 바꾸고 싶다면 확고한 신념을 가지고, 분명한 자기 철학을 가져야 한다. 그것들은 저절로 이루어지지 않는다. 집요한 노력이 필요하다. 먼저 생각하고 또 생각하고, 살펴보고 또 살펴보며 무엇인가 새로운 것을 집요하게 찾아내야 한다. 반드시 먼 미래를 내다보지 않아도 된다. 틈만 나면 스마트폰이나 들여다보며 속절없이 허비하는 시간에 자기가 할 수 있는 것, 전망이 있는 것을 기어코 찾아내야 한다. 더욱이 자기가 하고 싶은 것, 자기가 남들보다 더 잘할 수 있는 것이 있다면 선택은 한결 쉬워진다.

무엇인가 자신이 추구하고자 하는 것 한 가지가 결정되면 집요하게 관련 자료들을 찾아 모으고, 많은 사람들을 만나 묻고 또 묻고, 여러 전문가나 선배들의 조언을 듣고, 끈질기게 발품을 팔아 시장상황을 조사해야 한다. 때로는 인턴으로 직접 현장체험도 필요하다. 그러다 보면 '할 수 있다.'는 신념이 생긴다.

누군가 이 세상에서 가장 먼 여행이 머리에서 가슴으로 오는 30센티의 여행이라고 했다. 머릿속에서 될 수 있고 할 수 있다는 생각을 했대서 그것이 신념이 되지 않는다. 그것이 가슴, 즉 마음속의 굳은 의지가 되어야 비로소 신념이 된다.

확고한 신념을 갖게 되면 그것을 어떻게 구체화하고 실현시킬 것인가에 매달려야 한다. 그래야 자기 철학이 만들어진다. 자기 철학은 무조건 '나는 옳다.'는 독단이어서는 안 된다. 혼자서 가되 독불장군이 아니라, 관련분야를 대해 섭렵하며 앞서 간 사람들이 경험한 성공과 실패의 원인들을 분석하고 연구해서 자기만의 새로운 길과 방법을 찾는 것이다. 그렇게 해서 형성되는 것이 진정한 자기 철학이다.

둘째, 정말 바쁘게 살아야 한다. 그렇다고 서두를 필요는 없다.
지나친 욕심도 금물이다. 독한 마음으로 집념을 가지고 자기가 하고자 하는 것을 끈질기게 추구하다 보면 반드시 기회가 온다. 설령 쉽사리 기회가 오지 않더라도 자기만의 확실한 꿈을 좇는 시간들은 결코 지루하지 않다. 터무니없고 허황된 꿈이 아니라 구체적이고 확신하는 꿈을 좇다 보면 하루하루가 정신없이 바쁘고, 활기에 넘친다. 그것만으로도 삶은 몰라보게 달라진다. 유감스럽게 꿈을 이루지 못했더라도 하루하루 최선을 다하며 살았다는 것은 인생의 큰 보람이 된다.

요즘 TV에서 먹방, 쿡방, 집밥 등 요리 프로그램들이 인기를 끌면서 실력 있는 셰프들이 스타가 되고 있으며 식당을 차려 큰돈을 벌고 있다. 한번 생각해 보라. 셰프가 무엇인가? 지난날 그들은 식당의 요리사, 주방장이었다. 그들을 무시하는 것은 아니지만 식당의 요리사, 주방장이 금수저라고 말할 수는 없다.
하지만 남자가 부엌일을 하고 요리하는 것을 별로 달갑게 보지 않을 때, 그들은 오직 요리 한 가지에 매달렸다. 그것도 모든 요리를 다하는 것이 아니었다. 한식, 양식, 중식, 일식, 자기가 자신 있는 것 한 가지에만 매달려 독하게 연구하고 실력을 연마했다.

요즘은 확고한 신념을 가지고 해외에 유학 가서 요리를 배워오는 셰프들도 늘어나고 있다. 짬뽕, 설렁탕, 냉면, 가릴 것 없이 무엇인가 한 가지 맛이 뛰어난 식당은 손님들이 줄을 선다. 그런 소문난 맛집은 그럴 만한 이유가 있다. 식당주인이든 셰프든, 오직 그 요리 한 가지에 매달려 뛰어난 맛과 색다른 맛의 개발을 위해 독하고 집요하게 노력해 온 달인들이다.

요즘 잘나가는 셰프들은 금수저다. 수저계급론에 좌절하고 절망할 것이 아니라, 자신이 동수저, 흙수저라면 새로운 수저를 만들어야 한다. 그러면 금수저를 넘어서는 다이아몬드 수저도 될 수 있다.

앞에서 얘기했던 자살한 서울대 학생이 유서에서 "생존을 결정하는 건 수저 색깔이다. 먼저 태어난 자, 가진 자, 힘 있는 자의 논리에 굴복하는 것이 이 사회의 합리다. 나하고는 너무도 다른 이 세상에서 버티고 있을 이유가 없다."고 했다.

얼핏 이해는 가지만 동의할 수는 없다. 좌절하고 절망할 시간에 반드시 내 수저 색깔을 바꾸고야 말겠다는 독한 마음, 강한 집념이 있다면 다시 개천에서 용이 날 수 있다. 또한 자살할 용기가 있다면 이 세상에서 끈질기게 버티면서 자신을 더욱 독하게 만들 용기도 있다.

'선택장애'는 젊은이의 질병이다

이른바 '선택장애'가 젊은 세대들의 자기발전을 가로막고 있다. 선택장애는 '결정장애'와 함께 쓰인다. 어떤 선택을 필요로 하는 상황에서 어느 한 쪽을 결정하지 못하고 힘들어하는 심리상태를 일컫는 신조어이다.

가령 점심을 먹을 때, '자장면, 김치찌개, 된장찌개······.' 무엇을 먹을까 지나치게 망설이거나, 어떤 상황에서 뭐가 좋고, 뭐가 싫고, 뭐가 하고 싶은지 몰라서 머뭇거리는 것 등이 선택장애, 결정장애라고 할 수 있다.

선택장애가 있으면 판단력이 떨어진다. 제때 결정을 못 내려 적절한 시기를 놓친다. 게다가 좋든 싫든 다른 사람의 선택과 결정에 함께 휩쓸렸다가 자칫 후회하는 경우도 생겨난다. 그러다 보면 자신의 정체성과 자존감 등을 잃어버려 별 가치가 없는 인간이 되기 쉽다. 따라서 스스로의 선택과 결정에 의해 자신을 발전시키고 자기가 원하는 바람직한 인생을 이끌어가는 데 큰 장애가 될 수 있다.

그럼에도 20대들은 선택장애를 단순한 습성처럼 여겨 거의 부담을 느끼지 않는다. 그것이 문제인데도 말이다.

어느 연구소의 '20대 대학생 의식조사'에 따르면 그들은 스스로 선택장애라는 말을 일상용어로 자주 쓴다고 한다. 20대 대학생들 사이에서 선택장애라는 말이 보편화되어 있는데, 이는 '원하는 것이 너무 많아서'가 가장 많고, 그 다음 '선택하고 후회하는 것이 싫기 때문에', ' 내가 원하는 것이 무엇인지 모르기 때문에' 등의 순서였다. '다른 사람을 배려해서'는 10.1%로 꼴찌였다.

일상 속에서 선택장애를 가장 많이 느끼는 때는 '점심 메뉴를 선택할 때'가 1위였으며, '의류를 구입할 때', '중요한 날 아침 입고 나갈 옷을 고를 때' 등의 순서로 나타났다. 그러면서도 선택장애를 어려운 순간이자 즐거운 순간으로 생각한다고 조사되었다.

자기정체성을 돌아볼 때

보편적으로 생활수준이 어느 정도 갖춰지고 자녀가 하나 또는 둘 뿐인 가정에서 성장한 요즘 젊은 세대들은 부모의 과잉보호를 받으며 자라났다. 그들의 모든 선택과 결정은 엄마에 의해 이루어졌다. 대학에 진학할 때 전공과 학과선택조차 대부분 엄마가 주도했다. 자기 스스로 선택할 기회는 엄마에 의해 박탈당했을 정도다.

학교교육은 공교육, 사교육을 가릴 것 없이 철저하게 성적위주의 교육이었다. 질문도 토론도 그다지 용납되지 않았다. 어떤 문제의 풀이와 이해 과정보다 정해져 있는 정답의 주입식 암기가 중요했을 정도다. 그래야 좋은 점수를 받을 수 있었다.

'EBS다큐프라임'이라는 프로그램의 '교육대기획 〈시험〉'(6부작)이 방영된 적이 있다. 그 제4부가 '서울대 A+의 조건'이었다. 서울대학교라면 우리나라 최고 대학으로 가장 우수한 영재들이 모이는 곳이다. 그런 서울대학에서 A+ 학점을 받아 우등생, 모범생, 장학생이 되는 학생들은 어떻게 공부해서 그런 뛰어난 성적을 얻을 수 있었을까?

해답은 그야말로 충격적이다. 이들은 과목마다 교수의 강의내용을 녹음하거나 토씨까지 빠뜨리지 않고 필기해서 탁월한 두뇌로 암기하는 것이 전부였다. 그래야 시험을 잘보고 높은 점수를 받을 수 있다는 것이다. 머리가 좋다는 것은 오직 암기력이 뛰어나다고 해도 과언이 아니다.

교수의 강의내용에 의문을 갖지 마라. 아무런 생각도 하지 말고 맹목적으로 받아들여라. 질문은 수업을 방해할 뿐이다. 어떤 의문을 끈질기게 물고 늘어지고 질문을 계속했다가는 교수는 물론 다른 학생들에게 공공의 적이 된다. 고등학교 때의 입시위주 교육과 조금도 다를 것이 없다.

주관적인 자기 생각을 나타내는 것은 절대 금물이다. 토론이나 발표는 꿈도 꾸지 말아야 한다. 행여 의욕적인 교수가 새로운 방식의 강의를 시도하려고 하면 학생들이 수강신청을 하지 않아 폐강되기 일쑤라고 한다.

이런 실정에서 20대 대학생이 선택장애가 되는 것은 당연하다. 초등학교부터 가정과 학교에서 선택장애자를 만든다. 정체성을 확립해야 할 때 자신의 주체성, 자존감을 모두 잃고 만다.

20대에 선택장애가 체질화되면 30대가 되어도 달라지지 않는다. 좋은 성적으로 원하는 기업에 취업하더라도 창의력, 비판력, 판단력이 부족하니 돋보일 수가 없다. 그저 상사의 명령과 지시에 순종할 뿐이다.

좋은 기업에서는 그런 직원은 절대로 원하지 않는다. 창의력이 있고 새로운 목표를 세우며 용기 있는 인재를 원한다. 돋보이지 않는 직원, 오직 시키는 대로만 일하는 직원은 경영이 어려울 때 정리해고 1순위다. 그런 상황에서 본인 스스로도 행복하기 어렵다.

'답정너'를 벗어나라

요즘 '답정너'라는 줄임말 유행어가 있다. '답은 이미 정해져 있으니 너는 대답만 하면 된다.'는 뜻이다. 또는 본인이 듣고 싶은 답을 정해 놓고 그 대답을 자꾸 요구할 때 쓰는 말이다. 이 유행어 역시 선택장애와 무관하지 않다. 선택과 결정을 제대로 못하는 주제에 공연히 자기주장을 내세우지 말고 무조건 따라오라는 요구다.

앞서 소개한 '20대 대학생의 의식조사'에서 대학생들은 선택장애가 있지만 조사대상자의 45.6%가 친구나 다른 사람들로부터 의견과 조언을 얻는다고 했다. 하지만 그 조언을 수용하는 경우는 12.9%에 불과하고 올바른 조언을 받아들이기보다 자기가 내린 판단에 동의를 기대하기 때문이라는 것이다.

미국 하버드 대학의 앨런 랭어 교수는 "정답이 정해지면 사람들은 그 이상 찾으려 하지 않는다."고 했다. 정해진 답이 있으면 더 이상 발전하지 못한다. 우리 젊은 세대들이 과정보다 정답을 중요시하는 결과주의 교육을 받은 탓이다.

우리는 싫든 좋든 하루에도 수많은 선택과 결정을 해야 한다. 선택장애가 있는 사람도 자기 나름의 선택을 하고 결정을 한다. 하지만 판단력이 턱없이 부족한 그들이 합리적인 판단을 한다고 기대하기 어렵다. 그러면서도 자신의 어설픈 선택에 남들이 따라와 주기를 바란다. 그것도 '답정너'다.

선택장애, 결정장애가 있으면 자기발전을 전혀 기대할 수 없다. 독해질 수 없기 때문이다. 스스로의 판단력이 크게 부족해서 자기만의 선택과 결정을 제대로 할 수 없고, 정체성이나 자존감이 없어서 무엇을 어떻게 해야 좋을지 모르는 사람이 어떻게 독해지겠는가?

자기 정체성도, 주관도 없어서 남의 말에 솔깃하고 잘 속는다. SNS에 갖가지 유언비어가 나돌고, 사소한 의심이나 의혹을 마치 팩트(사실)인 것처럼 조작해서 유포하는 행위가 다반사로 일어난다. 판단력이 부족하면 그러한 것을 사실로 믿고 동조하다가 낭패를 본다. 선택장애자들은 사기꾼의 좋은 먹잇감이다.

자신에게 선택장애가 있는 것으로 의심되면 하루빨리 치유하도록 노력해야 한다. 아무리 독해져도 살기 힘든 세상에 무엇 한 가지 스스로 자신 있게 결정도 못 하고 주체성도 정체성도 없는 흐리멍텅한 사람이, 무엇을 선택하고 결정해서 독하게 물고 늘어질 수 있겠는가?

선택장애를 치유하고 개선할 수 있는 가장 좋은 방법은 독서다. 우선 어떤 책이든 닥치는 대로 읽어라. 특히 고전명작, 인문서적이라면 가릴 것이 없다. 솔직하게 말해 보라. 일 년에 몇 권이나 책을 읽는가?

우리나라의 독서율은 세계 꼴찌 수준이다. 특히 젊은 세대들이 책을 많이 읽지 않는다. 우리의 독서는 초등학교 때 동화책 읽은 것이 거의 전부다. 중학생부터는 성적 올리기에 매달렸다. 교과서, 참고서 이외에 책 읽을 여유가 있었던가?

혹여 만화책이라도 읽고 있었다가는 우선 엄마가 "지금 뭣하고 있는 거냐? 왜 공부 안 하고 딴 짓하냐?"며 난리를 친다. 독서가 '딴 짓'이 되고 있다. 그렇다고 대학생 때는 책을 읽는가? 놀기 바쁘고 스마트폰만 들여다보면서 시간 다 보낸다. 직장생활을 하면 일에 쫓겨 못 읽고, 그러다 보니 평생 책을 거의 못 읽는다.

하루의 가장 많은 시간을 독서에 사용해야 한다. 주말은 온통 책 읽기로 보내야 한다. 한동안은 친구도 멀리하고 취미도 멀리해야 한다. 그러다 보면 자기 혼자 생각하는 시간이 늘어나고, 독서를 통해 얻은 지식들이 이것저것 떠오른다. 그러면 그것과 자기 생각을 결부시켜 보라.

물론 하루 이틀에 되는 것은 아니지만, 독서하고 생각하는 시간이 늘어날수록 자기 견해, 주관이 생겨나고 차츰 자기정체성이 형성되어 간다.

  그와 함께 무엇이든 자기가 진짜 하고자 하는 것을 도모하라. 자신의 선택장애가 의심된다면 그것을 무시하고 웃어넘길 것이 아니라, 우선 독하게 독서를 시도해 보라. 자기도 모르는 사이 차츰 개선되고 치유될 것이다.

내일보다
오늘이 먼저다

우리는 '행복한 내일을 위하여'라는 말을 자주 한다. 지난해 연말, 어느 모임의 송년회에 갔더니 "진달래!" 하고 건배사를 하는 것이었다. 내가 무슨 뜻인지 의아해 하자 '진짜 달콤한 내일을 위하여'의 줄임말이라고 했다.

'내일을 위하여'가 틀렸다는 것은 아니다. 우리는 누구나 오늘보다 나은 내일을 꿈꾼다. 내일은 오늘보다 행복하기를 기대하며 열심히 일한다. 학생들은 장래를 위해 열심히 공부한다. 부모는 그런 자녀들을 위해 기꺼이 희생한다. 자녀를 양육하고 교육하는 것은 부모의 도리이지만, 자녀에게 투자한다. 자녀들이 성공하면 부모도 오늘보다 더 행복한 내일이 올 수 있다는 기대감을 갖고 망설임 없이 희생하며 투자한다.

　희망, 목표, 야망 등도 오늘 당장이 아니라 내일의 행복을 위한 자기 자신의 인생 계획표라고 할 수 있다. 내일의 행복에 대한 기대감이 없다면 힘들고 고달픈 현실을 견뎌낼 수 없다. 오늘은 괴롭고 고통스러워도 내일은 행복할 수 있다는 기대감에 아무리 어려운 고난도 극복해 나간다.

　그래서 많은 선현들이 '젊은이여, 꿈을 가져라.'라고 말했다. 내일의 달콤한 열매를 위해 열심히 밭을 갈고 씨앗을 뿌리고 땀 흘리며 꿈나무에 거름을 주어야 한다고 말한다. 젊었을 때의 고생은 내일의 행복을 위한 과정이라고도 한다.

　'내일을 위하여'를 부정한 생각은 없다. 그러나 한번 곰곰이 생각해 보자.

　첫째, 내일을 위해 오늘을 희생하고 고통을 감수한 결과, 하루하루 발전하고 전망이 밝아져 마침내 행복한 내일이 온다면 희생과 고통은 큰 보람이 될 수 있다. 하지만 두 가지를 생각해 볼 필요가 있다.

　하나는 그러한 희생과 고통에도 전혀 행복한 내일이 오지 않거나 오히려 오늘보다 더 나빠진다면 어찌할 것인가? 내일이 오늘보다 행복할 것이라는 기대감은 희망사항일 뿐, 반드시 그렇게 된다는 보장은 없다.

둘째, 내일이란 무엇인가? 내일이란 오늘을 전제로 한다. 오늘이 있어야 지나간 어제가 있고 다가올 내일이 있다. 그러면 내일이 되었다고 치자. 그 내일은 무엇인가? 역시 그 내일도 결국은 오늘이다. 우리가 '지금'이라고 한 순간 지금은 이미 흐르고 내일도 또 다시 내일이 되면 이미 지금이 되어 있다고 본다. 다시 말하면 우리는 살아 있는 동안, 영원히 지금(오늘)을 살고 있는 것이다.

나의 인생은 '지금 여기'에

많은 전문가들이 '오늘'에 충실해야 한다.', '현실에 충실해야 한다.'라고 조언한다.

문화심리학자 김정운 교수는 "인생은 직선이나 곡선처럼 과거, 현재, 미래로 이어지는 하나의 선線이 아니라, 점點 같은 찰나가 쭉 이어지는 것이다. 지금 현재의 순간에 나에게 주어진 인생의 과제에 춤추듯 즐겁게 몰두해야 내 인생을 살 수 있다."고 말한다.

또한 "지금 여기(오늘, 현실)를 살아야 한다. 우리는 미래의 꿈과 목적을 위해 현재를 살아가는 것이 아니다. 어떻게 될지 아무도 모르는 미래의 꿈이 이루어지지 않으면 그 인생은 도대체 무엇인가? 꿈이 이루어져도 그 꿈을 위해 희생한 그 숱한 '오늘'은 내 인생이 아니란 말인가?" 하고 묻는다.

우리가 점철點綴이라는 단어를 쓸 때가 있다. '점철'은 '흐트러진 여러 점이 서로 이어짐 또는 이음'을 뜻하는 말이다. 서로 관련 있는 상황이나 사실 따위가 서로 이어지는 것도 점철이라고 한다.

"숱한 고난으로 점철되어온 지난 날……." 하는 표현을 많이 쓰듯이 오늘 이전의 '과거'는 내 인생에서 온갖 것들이 이어져 온 날들이며 이미 지나간 날들이다. 지나간 과거에 얽매이는 것은 어리석다. 그런데도 과거에 집착하는 사람들이 적지 않다.

"내가 중학교 때는 전교에서 일등이었어."

"내가 우리 학교에서 제일 예뻤어."

"내가 고등학교 때까지만 해도 우리 집은 소문난 부자였어."

그래서 어쩌란 말인가. 모두 지나간 과거 아닌가. 지금, 오늘이 중요하지 않은가. 지나간 과거에 집착하는 것은 정말 부질없는 짓이다.

흉악범을 연구한 미국의 세계적인 범죄 심리학자 마이클 스톤 교수는 흉악범의 대다수가 과거, 어렸을 때 학대당하거나 부모에게 버림받았거나, 부모가 살해당하는 것과 같은 충격적인 트라우

마가 있다고 했다.

　내일, 즉 미래는 어떠한가? 이 세상의 그 누구도 자신의 미래를 보장해 주지 않는다. 오늘보다 내일이 틀림없이 행복할 것이라고 누구도 장담할 수 없다. 뿐만 아니라, 앞서 지적했듯이 내일도 결국 오늘이다. 하루하루, 오늘을 충실하다 보면 그러한 점點들이 모여 내일이 되고, 그처럼 오늘을 충실하게 살아온 점철로 말미암아 성공하고 꿈을 이루고 행복하게 된다.

　러시아 작가 다닐 사드로비치 그라닌은 '언젠가'를 '오늘, 지금 당장'으로 바꾸라고 했다. 자꾸 중요한 것들을 뒤로 미루다 보면 수많은 기회를 잃어버리고, 그것은 너무나 아쉽고 되돌릴 수 없다고 했다.

　거듭 말하지만 내일보다 오늘이 먼저다. 자신이 추구하는 것을 '오늘, 지금 당장'에 실천해야 한다. 오늘, 무엇인가 이룰 수 있도록 최선을 다해야 한다. 그러한 점點들이 쌓여가며 자신이 꿈꾸고 기대하는 내일이 되고, 미래가 된다.

　그렇다면 오늘에 충실하고 오늘에 최선을 다하려면 어떡해야 할까? 무엇보다 '독한 각오'가 필요하다. 독하다는 것은 바로 오늘에 해당된다.

　어느 정당 대표가 "독한 각오로 반드시 단합과 혁신을 이루겠다."고 했다. 그 독한 각오를 오늘부터 지금 당장, 실천에 옮기지 않는다면 별 가치도 없으며 성취하기 어렵다. 고등학교 1학년 학생이 "2학년부터는 독한 각오로 공부하겠다."라고 했다면 결코 독하게 공부할 수 없다. "내년부터는 열심히 돈 벌 거야."하는 사람은 내년에도 돈 벌기 어렵다. 돈을 벌겠다는 독한 마음이 있다면 당장 오늘부터 돈벌이를 준비하고 실천에 옮겨야 한다.

지난 2014년, 한국건강진흥재단이 남녀 중고생들을 대상으로 '자살'과 관련해서 실시한 한 조사에서 대상자의 절반이 넘는 51.6%가 "살아있지 않은 게 낫다는 생각을 해본 적이 있다."고 응답했다.

'살아있지 않은 게 낫다.'는 것은 오늘을 부정하는 것이다. 한창 꿈에 부풀어 있어야 할 중고등학생들이 갖가지 청소년의 문제들로 오늘을 부정하고 오늘을 피하고 싶다면 어찌 자신의 꿈을 이룰 수 있겠는가. 우리 중고등학생들의 정신이 나약하고 독하지 못하기 때문이다. 그럴수록 용기를 내어 과감하게 '오늘'과 맞서 나가야 '살아있고 싶은' 내일이 오지 않겠는가.

'오늘', '지금'을 독하게 살자. 내일은 필요 없다. 내일은 저절로 다가와서 또 오늘이 된다. 오늘, 하루하루를 독하게, 충실하게 살다 보면 저절로 지금보다 더 행복하고 만족스러운 또 다른 오늘이 될 것이다.

디자인보다 성능이 더 가치가 있다

결코 자랑스럽지 못하고 명예롭지 못한 세계 1위를 한국이 가지고 있다. 자살률, 저출산율, 성형 등이 그것이다. 특히 우리나라는 성형공화국이 되고 있다. 성형에는 남녀가 따로 없지만, 아무래도 여성들에게 성형은 유행을 넘어 거의 필수가 되고 있다. 여자는 예뻐야 한다는 오랜 인식 탓이다. 일반적으로 고등학생 때 쌍꺼풀 수술로 시작해서 대학입시가 끝나면 붐을 이루고, 요즘은 기혼자인 중년여성, 노년여성까지 성형을 한다.

도대체 왜 이런 성형 신드롬이 일어난 것일까?

여성들에게 그 까닭을 물으면 대부분 '자기만족과 자신감을 갖기 위해서'라고 말한다. 어찌 되었든 성형이 성행하는 가장 중요한 원인은 누구나 다 알듯이 외모지상주의 때문이다. 심각한 취업난에 시달리는 젊은이들, 특히 여성들이 입사시험 면접에서 외모가 절대적인 비중을 차지한다는 것을 부인하기 어렵다. 기업의 인사담당자들은 부인할지 모르지만 외모가 중요시된다. 그래서 성형을 하는 젊은 남성들도 크게 늘어난다. 꼭 취업뿐 아니라 대인관계에서도 외모는 매우 중요하다.

그런데 유감스럽게도 자신의 외모가 남들보다 뒤떨어진다면 어찌해야 할까? 반드시 성형을 해야 할까? 성형한다고 해서 별로 개선될 가능성이 없는 좀 못생긴 여자, 선천적으로 뚱뚱한 여자, 얼굴이 추한 남자, 키가 작은 남자는 어찌해야 할까?

지난해, 어느 단체의 초청으로 교수, 작가, 사회활동가 등 여러 분야의 전문가들이 모이는 자리에 참석한 적이 있었다. 서로 이름을 기억할 만한 분들도 있었지만 참석자들 대부분이 처음 만나는 자리여서 회의가 시작되기 전, 명함을 교환하며 인사하기에 바빴다.

대개 낯선 사람들이 모였으니 어색하고 서먹서먹할 것 같았지만, 분위기는 전혀 그 반대였다. 서로 관심사를 묻고, 열심히 대답하고 화제가 풍성해서 활기가 넘쳤다. 마치 동창회처럼 잘 아는 사람들의 모임 같았다. 대화가 끝없이 이어져 회의가 늦어질 정도였다. 모두 자기 분야의 전문가들이어서 한결같이 당당하고 자신감에 넘쳐 있었다.

이 모임에는 남성보다 여성이 더 많았는데, 굳이 외모를 얘기하자면 눈에 띄게 출중한 인물은 없었다. 평범한 외모거나 오히려 외모가 뒤처지는 여성이 더 많았다. 하지만 전문가답게 관록과 경륜과 개성이 돋보였다. 남성들도 마찬가지였다. 인간에게는 누구나 다른 사람들로부터 인정을 받고 싶은 인정욕구가 있다. 인정욕구에는 여러 가지가 있겠지만, 그 가운데 당연히 외모도 포함된다. 그런데 외모가 좀 뒤처져 인정받기 어렵다면 어찌해야 할까? 그런 사람은 외모보다 자신의 '가치'로 승부해야 한다.

전자제품 선택에서 디자인은 큰 비중을 차지한다. 그러나 디자인보다 더 비중이 큰 것은 성능이다. 디자인이 외모라면 성능은 가치다. 외모가 처진다는 열등감으로 위축되면 안 된다. 자기만의 가치를 창출해야 한다. 그럼 가치를 창출하려면 어떡해야 할까? 무엇보다 먼저 자기 자신의 있는 그대로의 모습을 당당하게 보여줘야 한다.

샤론 존스는 미국의 유명한 흑인여가수다. 그녀의 외모는 정말 볼품없다. 그런데도 20여 년 동안 꾸준히 인기를 유지하고 있다. 어느 인터뷰에서 그 비결을 묻자 그녀는 이렇게 말했다.

"당신 말대로 난 키도 작고, 피부도 검은데다가 너무 뚱뚱해요. 하지만 어머니는 늘 내게 이렇게 말씀하셨죠. '딸아, 있는 그대로의 모습을 당당하게 보여줘라. 그러면 너는 물론이고 다른 사람들이 네가 가치 있는 사람이라는 것을 느끼게 될 거다.'라고요."

인터넷에 떠돌 정도로 널리 알려진 유명한 얘기다. 자기 자신의 모습에 당당해야 한다. 외모에 대한 열등감으로 움츠릴 것이 아니라 어깨를 펴고 고개를 들어라. 항상 여유만만하고 웃는 얼굴로 남들과 마주하라. 일반적으로 외모가 중요한 가치가 되는 연예인들을 보라. 인기가 식을 줄 모르는 유재석, 박명수, 이경규, 김구라, 김제동, 김병만, 유해진 등의 외모가 뛰어나던가? 국민가수 이미자나 조영남의 외모가 빼어나던가? 그들은 자기만의 가치로 외모를 완전히 극복한 인기인들이다.

자신에게 아무런 가치가 없다면 자신감과 당당함은 오히려 허세, 허풍이 되고 웃음거리가 될 뿐이다. '자기만의 가치'를 만들어야 당당하고 자신감을 가질 수 있다. 〈정글의 법칙〉의 김병만은 키가 아주 작다. 하지만 그는 개그맨이라기보다 작은 키에도 신체의 기능이나 기량이 몹시 뛰어나다. 그것이 자신만의 가치가 되어 외모를 극복하고 꾸준한 인기를 유지한다.

'자기만의 가치'를 창출한다는 것은 물론 쉬운 일이 아니다. 무엇이든 한 가지, 자기가 가장 잘할 수 있는 것을 선택해서 그것을 집중적으로 파고들고, 물고 늘어지는 집요함이 있어야 한다. 집요하다는 것은 바로 독하다는 것이다.

외모가 처진다면 외모가 뛰어난 사람보다 불리하다. 따라서 디자인보다 성능으로 승부해야 한다. 그래야 자기만의 가치를 창출하는 것이다. 그들보다 성능개발에 몇 배 더 집요해야 외모가 뛰어난 사람들을 능가할 수 있다. 그야말로 독하지 않으면 불가능한 일이다.

발명이나 발견, 과학자의 인류에 기여할 만한 연구 성과, 인간한계의 극복과 같은 것들은 저절로 이루어지는 것이 있었던가? 오직 한 가지에 매달려 물고 늘어진 집요함, 지독함의 결실이 아닌가.

'만유인력'을 발견한 영국의 과학자 아이작 뉴턴이 점심 도시락을 먹는 것도 잊고 집요하게 연구에 매달려 있는 것을 보고 동료들이 그를 골탕 먹이려고 그의 도시락을 먹어치웠다. 잠시 후, 도시락을 먹으려던 뉴턴이 자신의 빈 도시락을 보고 "어허, 내가 언제 도시락을 먹었지? 내가 도시락을 먹은 것도 잊었군." 하며 너털웃음을 지었다는 이야기는 널리 알려진 일화이다. 그러한 집요함이 있어야 한다.

자신이 추구하는 것에 지속적인 집요함과 지독함이 있다면, 반드시 목표를 달성하고 목적을 성취하지 못하더라도 그러한 노력들이 몸에 배이고 우러난다. 그것이 경륜이며 성능이 향상되는 것이다. 그럼으로써 당당함과 자신감이 저절로 생성된다.

또한 자기만의 특징적인 매력과 개성을 지니게 된다. 실력과 능력, 전문성뿐 아니라, 독특한 매력과 개성도 외모를 능가하는 자기만의 가치가 될 수 있다. 디자인보다 성능이 더 중요하다는 것은 변할 수 없는 진리다.

앤츠 밀 Ants Mill 에서 벗어나라

하루는 누구에게나 24시간 똑같다. 하지만 그 느낌은 사람마다 다르다. 어떤 사람은 하루 24시간이 정신을 못 차릴 정도로 정신없이 지나간다. 어떤 사람에게는 너무나 지루하기만 하다. 왜 그럴까? 의미 있는 삶을 사는가의 문제를 던져볼 필요가 있다.

많은 근로자들이 기계처럼 일과를 되풀이하며 하루하루를 살아간다. 위에서 시키는 일, 자기가 맡은 일, 해야 할 일만 기계처럼 되풀이 하다 보니 하루하루가 지루하다. 주말, 공휴일만 기다리게 되고, 월요일에 출근하려면 머리가 아프고 온몸이 찌뿌듯하다. 그러나 먹고 살기 위한 핑계라고 억지로 출근해서 또 반복적으로 일한다.

그러다 보니 퇴근 후 동료들과 술 한잔하며 회사와 상사에 대한 불평과 넋두리를 늘어놓는 것도 낙이 된다. 그런데 회사의 사정이 점점 어려워져 정리해고, 명예퇴직 바람이 불게 되면 자신이 해당될까 봐 전전긍긍한다. 앞으로 60세 정년이 보장된다지만 요즘 50대에 직장을 그만둬야 하는 것이 보편적인 추세다.

50대는 자녀들이 고등학교, 대학교에 다니고 생활비가 가장 많이 들어가는 시기다. 돈을 벌지 않으면 안 된다. 그런데 갑자기 직장에서 밀려나면 재취업은 꿈도 못 꾸며 어쩔 수 없이 퇴직금을 가지고 비슷한 처지의 동료들과 사업을 시작한다. 대개 그동안의 인맥을 이용하는 사업이다.

하지만 일가친척, 친구, 과거 직장동료들에게 폐를 끼치며 무엇인가 한 차례 팔고 나면 또다시 부탁하기 힘들다. 경영능력이나 영업능력이 턱없이 부족해서 결국 사업은 돈만 날리고 문을 닫게 된다. 그 다음은 친척이나 친구들에게 돈을 빌리고 은행의 대출을 받아 자영업을 시작한다. 대다수가 특별한 전문지식이 없는 상태에서 가까스로 자영업을 시작하다가 얼마 못 가서 폐업을 하고 만다. 새로 시작한 자영업자의 80%가 1년을 못 넘기고 폐업한다는 통계가 있다.

마침내 백수가 된다. 그리고 은행대출금, 자녀를 결혼시키면 결혼비용도 부채가 된다. 노후자금이 있을 리 없다. 50대에 백수가 되었다면 장수시대를 맞아 30~40년의 여생을 살아야 한다. 자녀들의 도움을 못 받으면 가난, 고독, 질병에 시달리며 힘들고 기나긴 여생을 살아가야 한다. 물론 모두 그런 것은 아니지만 일반적인 우리나라 샐러리맨들의 '의미 없는 일생'이다.

현재 젊은 세대들도 예외가 아니다. 초등학교나 중고등학교 시절에는 공교육, 사교육 모두 강요되고 일방적인 주입식 교육에 끌려 다니느라고 전혀 자신의 주체성이나 정체성을 가질 수 없었다. 대학에 들어가고 성인이 되었지만 1~2학년 때는 노느라고 정신없다.

3학년이 되어서야 취직문제가 눈앞의 현실이 되면서 잠시 앞으로의 진로 등, 자기 자신에 대해 생각해 보다가 4학년이 되면 온통 취업에 관심을 쏟기 시작한다. 취업은 하늘의 별따기다. 나름대로 온갖 스펙을 쌓고 수없이 자기소개서를 보내지만 오라는 곳은 한 군데도 없다.

자기소개서도 그렇다. 취업의 첫 관문이라고 할 수 있는 자기소개서에 쓸 것이 없다. 자기만의 가치를 갖추지 못하고 그저 남 따라 끌려 다니기만 했다면 뭘 쓸 게 있겠는가?

결국 남들 다 쓰는 스펙이나 나열하고, 인터넷의 표준자기소개서 따위를 베껴 쓰게 된다. 그러면 불합격이 불을 보듯이 뻔하다. 기업들은 새로운 가치를 지닌 인재, 창의성과 독창성이 있는 인재를 원한다.

대학을 졸업하고 운 좋게 취업하더라도 부모나 이런 저런 연줄의 도움으로 입사하게 되는 경우가 많다. 그러다 보니 전공과는 관련이 없는 직장에 취업하는 경우가 대졸자의 절반이 넘는다. 그리하여 그럭저럭 대학졸업증을 얻고 엉뚱한 직장에 들어왔으니 자기만의 가치로 인정받기 어렵다. 인정을 못 받으면 일하기 싫어진다. 오로지 보수만 기대하고 억지로 직장에 다니는데 갈수록 일에 흥미를 잃으면서 또 엉뚱한 생각을 하게 된다.

즉 자기가 직장에 제공하는 노력과 능력에 비해 보수가 너무 낮다는 자기중심적인 생각을 한다. 그런 생각에 사로잡히면 일은 더욱 싫어지고 결국 직장을 스스로 그만둔다. 정말 어렵게 취업했다가 입사한 지 불과 2~3년 안에 스스로 퇴직하는 신입사원들이 20~30%나 되는 것이 그 때문이다.

자신이 만족할 만한 보수를 주는 직장은 몇몇 이른바 '신의 직장'밖에 없다. 재취업은 더욱 어렵다. 그런 젊은이들 대다수가 늙은 부모에게 의존하며 덧없이 세월만 보낸다. 30세가 넘어도 자립을 못할 뿐 아니라 자립할 의지조차 없다. 공연히 세상만 탓하며 자기만의 가치를 창조할 노력도 안 하고 스스로 파멸하는 '의미 없는 삶'을 이어간다.

'의미 없는 삶'이 자신을 망친다

남에게 인정을 받으려면 남에게 내세울 것이 있어야 한다. 그것이 '자기만의 가치'다. 마치 개미들이 앞서 가는 개미의 뒤꽁무니만 따라가듯이 맹목적으로 남들의 뒤만 따라가서는 자기만의 가치는 도저히 만들어낼 수 없다. 개미들 뒤꽁무니 따라가는 것을 '앤츠 밀'Ants Mill이라고 한다.

'앤츠 밀'에서 과감하게 벗어나 자기만의 가치를 창조하는 것이 바로 '의미 있는 삶'이다. 의미 있는 삶은 결코 하루아침에 이루어지지 않는다. 일찍부터 자신의 삶에 의미를 부여해야 한다. 그렇다고 자기만의 가치창조에 '너무 늦었다.'라는 말은 있을 수 없다. 대철학자 스피노자는 "나는 내일 죽더라도 오늘 한 그루의 사과나무를 심겠다."고 했다. 그것이 의미 있는 삶이다.

'의미 있는 삶'이라고 해서 심각하게 생각할 필요는 없다. 의미 있는 삶을 만들어 가는 방법은 두 가지가 있다.

첫째, 젊은이들에게 해당되는 것으로, 먼저 자신의 뚜렷한 인생목표 또는 반드시 이룩하고 말겠다는 확고한 목표를 세워야 한다. 다음 그것에 대한 구체적인 추진목표를 세워야 한다. 길게는 앞으로 10년, 5년, 짧게는 1년, 1개월 단위로 세분해서 진행스케줄을 세우는 것이 좋다.

1개월 단위라면 그것을 일주일, 매일로 나누면 더욱 좋다. 그리고 큰 목표, 종국의 목표를 향해 조금도 흐트러짐 없이 꾸준히 실천해 나가야 한다. 그것에 방해가 되는 온갖 유혹을 뿌리칠 수 있는 용기가 있어야 한다. 그러자면 독해야 하고 집요해야 한다.

그냥 머릿속 생각만으로는 제대로 지켜지지 않는다. 세밀한 일정표를 만들어 탁상일기나 노트에 반드시 기록해 놓아야 하며 매일같이 실천상황을 체크해야 한다. 진행에 차질이 있으면 자신을 더욱 채찍질해야 한다. 그것이 의미 있는 삶이다. 아무리 힘들어도 자신의 인생목표에 조금씩 다가가고 있다는 보람으로 힘든 줄 모른다.

둘째, 중년을 넘어선 사람들에게 주로 해당된다. 그저 속절없이 남 따라서 살지 말고 자신에게 의미를 부여할 수 있는 무엇인가를 실천해 나가는 것이다. 요즘 다양한 종류의 각종 학원들이 아주 많다.

그림, 서예, 사진, 글쓰기 등의 학원에는 젊은이들도 있지만 중년, 노년의 남녀수강생들이 많다. 중년을 넘어선 그들이 꼭 화가, 서예가, 작가가 되기 위해 공부하는 것은 아니다. 나름대로 자신의 삶에 의미를 부여하고 자기발전을 도모하는 것이다.

또한 자전거나 등산 동호회처럼 같은 목적을 가진 사람들끼리의 각종 동호회도 많다. 그들이 사이클 선수나 등반가가 되기 위해 동호회 활동을 하는 것은 아니다. 역시 자신의 삶에 의미를 부여하는 것이다. 매일같이 꾸준히 조깅을 하는 사람도 달리기 선수가 되려는 것이 아니라 자신의 건강을 위해 조깅을 한다. 이러한 것들도 모두 의미 있는 삶이다. 의미 있는 삶은 생활에 활력을 준다.

이렇게 보면 자신의 의미 있는 삶이 남에게 인정받는 것과는 거리가 있어 보인다. 하지만 인정욕구에도 두 가지가 있다.

첫째, 남들과 똑같은 여건 속에 서로 경쟁하는 상황에서 자신의 능력이나 기량이 돋보여 인정받는 경우다.

쉬운 예로 운동선수들이 그렇다. 축구선수는 선수들끼리 똑같은 조건과 경기규칙에 의해 경기를 하지만 기량이 뛰어나 널리 인정받는 스타선수가 있다. 직장에서도 마찬가지다. 똑같은 일을 하지만 뛰어난 업무능력으로 인정받는 사원이 있다. 당연히 그들에게는 남들보다 독한 노력이 있었겠지만 틀림없이 그들은 의미 있는 삶을 사는 것이다.

둘째, 남들에게 인정받기보다 자신의 발전을 위한 의미 있는 삶이다. 그런 의미 있는 삶은 굳이 남들에게 인정받을 필요도 없고 남을 의식할 필요도 없다. 남의 이목에 신경 쓰느라 현재 자신의 행복을 놓쳐서야 되겠는가. 남의 이목 때문에 내 삶을 희생하는 것은 어리석은 짓이다.

중요한 것은 남들이 아니라 자기 자신이다. 자신의 삶을 아무도 책임져 주지 않는다. 자신의 삶은 오직 자기 몫이다. 따라서 자신의 가치도 자기 스스로 만들어야 한다. 독하게 자기계발과 발전을 위한 노력을 하지 않으면 아무것도 이루지 못하는 의미 없는 삶을 살게 된다. 그리고 소리 없이 사라지는 연기처럼 자신의 삶을 망치고 만다.

'~전해라'가 전해 주는 것

육십 세에 저 세상에서 날 데리러 오거든
아직은 젊어서 못 간다고 전해라
칠십 세에 저 세상에서 날 데리러 오거든
할 일이 아직 남아 못 간다고 전해라
팔십 세에 저 세상에서 날 데리러 오거든
아직은 쓸 만해서 못 간다고 전해라
구십 세에 저 세상에서 날 데리러 오거든
알아서 갈 테니 재촉 말라 전해라
백 세에 저 세상에서 날 데리러 오거든

좋은 날 좋은 시에 간다고 전해라

아리랑 아리랑 아라리오

아리랑 고개로 또 넘어 간다

지난해 후반부터 폭발적인 인기를 끌며 크게 히트한 〈백세 인생〉이라는 대중가요의 1절이다. 이 노래는 어느 무명가수가 불러 온라인을 통해 알려지기 시작했다. 가사를 통해 보듯이 60세 이상의 노인들 대상인데, 뜻밖에 온라인을 애용하는 젊은 층에서 큰 인기를 얻으며 삽시간에 퍼져나가 대박을 터뜨린 노래다.

더욱이 쉬운 가사, 아리랑조(調)의 쉬운 멜로디가 대중적인 흡인력과 중독성을 지니고 있을 뿐 아니라, '~라고 전해라'를 일상생활에서 쉽고 재미있게 응용할 수 있어서 노래가사를 바꾼 수많은 패러디가 유행하고 있다. 특히 20대 총선에서 정치권에서도 이 노래를 적극 활용, 선거홍보에 이용했을 정도로 널리 알려져 그야말로 '~전해라' 신드롬이 생겨났다.

그러면 이 노래가 크게 유행하게 된 요인은 어디 있을까?

내 생각에는 두 가지 요인이 있을 것 같다.

첫째, 민족적 정서에 맞게 아리랑과 같은 '한(恨)'이 담겨 있는가 하면, 그 한을 은근과 여유로 다스려, 우회적으로 표출함으로써

'흥興'과 '넉살'로 승화시킨 것이 우리의 감성에 적중했다고 볼 수 있다.

둘째, 그보다 더 의미가 있는 것은 이 노래가 젊은이들 사이에서 크게 유행했다는 점이다. 요즘 우리의 암울한 시대상황과 고달프고 힘겨운 현실이 미래를 꿈꾸는 젊은이들을 좌절시키고 절망의 늪에서 허우적거리게 한다.

젊은이들은 그러한 시대상황과 현실에 분노하고 저항하지만 공허한 메아리가 될 뿐이다. 그들에게는 좀처럼 나아지는 것이 없다. 몸부림을 치고 안간힘을 다해도 달라지는 것은 아무것도 없다. 결국 젊은이들은 제풀에 지치고 허탈감에 빠져 무기력해진다. 남는 것이 있다면 체념, 사회와 자기 자신에 대한 비웃음과 세상사에 대한 비아냥거림뿐이다.

이러한 현실에서 '~전해라'는 젊은이들이 자신들의 답답하고 괴롭고 허탈한 심정을 빗대어 표출하기에 딱 들어맞은 것이다.

"30세에 저 세상에서 날 데리러 오거든 아직 결혼(취직)도 못 해서 못 간다고 전해라."

"월요일에 회사에서 날 호출하거든 고달파서 못 간다고 전해라."

온갖 패러디가 봇물을 이루며 신드롬을 일으킨 것이다.

더구나 '~전해라'는 당사자들끼리 직접 대화하는 것이 아니라,

중간에 누군가를 통한 간접화법이다. 젊은이들에게 익숙한 인터넷, SNS 등은 직접대화가 아니라 그러한 매체를 통한 간접대화다. SNS에 자신의 견해를 올리는 것은 직접 말하는 것이 아니라 자신의 견해를 전하는 것이다. 그러면 그 견해에 공감하는 사람들이 '좋아요', '강추' 등으로 동조한다.

이러한 인터넷, SNS 속성과 오늘날 소통부재의 시대상황이 들어맞는다. 국가를 이끌어갈 정치권과 국민들의 소통부재, 젊은이들이 아무리 아우성을 치고 분노해도 '쇠귀에 경 읽기', '바위에 계란 던지기'로 요지부동 꽉 막힌 소통부재의 사회현실에서 젊은이들은 자신들의 답답한 심정을 직접 털어놓을 방법이 없으며 직접 대화할 방법이 전혀 없다. 그나마 누군가가 중간에서 전해 주기라도 했으면 좋겠다는 심정을 나타낸다.

젊은이들의 '~전해라' 패러디를 살펴보면 대부분 익살스럽거나 삐딱한 넉살, 때로는 현실에 대한 풍자가 담겨 있다. 어찌 보면 진지하고 심각하게 노래를 부르는 것이 아니라 흥겹기까지 하다. 그것은 지금 우리 젊은이들이 분노하고 저항할 기력도 없으며 직접 대화할 상대조차 없는 실정에서 차라리 허탈하게 웃거나 시대상황과 현실을 비아냥거리고 조롱하는 풍조에 젖어있는 까닭이 아닐까?

그러나 〈백세인생〉에서 한 가지 주목할 사실이 있다. 이 노래를 부른 가수 이애란에 대한 얘기다. 그녀의 삶은 노래의 분위기와는 사뭇 다르다. 그녀는 51세다. 25세에 가수로 데뷔해서 무려 25년을 무명가수로 살아오다가 마침내 대박을 터뜨리며 하루아침에 스타가 된 것이다.

그녀는 장터, 경노당, 마을회관 등을 돌며 노래를 불러 생계를 유지했다. 화려한 스타는커녕, 전형적인 무명가수였다. 십 년 전쯤에는 정식가수로 인정받기 위해 돈을 빌려 작곡가에게 곡曲을 사서 개인 앨범까지 냈다. 하지만 별다른 반응을 얻지 못해 빚까지 지고, 노래를 불러 생계를 유지하기 어려워서 한동안 가수의 꿈을 포기하기도 했다.

그렇지만 그녀는 가수의 꿈을 완전히 버리지 못했다기보다 노래를 부르지 않으면 견딜 수가 없었다. 노래 부르는 것이 자신의 운명이라고 생각하며 다시 마이크를 잡았다. 그리고 또다시 장터, 노인정 등에서 노래 부르며 나이 50세에 이르도록 아무도 알아주지 않는 무명가수로서의 고달픈 삶을 이어왔다.

그녀에게도 한때 화려한 스타 가수의 꿈이 있었겠지만 나이 50세가 된 지금, 그러한 꿈을 버린 지 오래되었다. 오직 노래 부르겠다는 집념 하나로 말할 수 없는 고난과 시련을 견뎌냈다. 그녀는 독한 여자라고 할 수 있다.

예로부터 '한 우물을 파라'고 했다. 한 우물, 즉 어느 것 한 가지,

자기가 좋아하는 것, 자기가 하고 싶은 것 한 가지에 자신의 인생을 걸자면 그에 대한 신념이 있어야 하고, 독한 집념과 대단한 인내력이 있어야 한다.

안타깝게도 많은 젊은이들이 확고한 신념이 없고, 집념과 인내력이 부족한 것 같다. 바꾸어 말하면 독한 결심이 부족하다. 거기에는 우리 사회가 다양해지고, 직종職種이 수없이 다양해져 이것저것 선택할 기회가 많아서, 어느 것 한 가지에 집중하지 못하고, 조금 노력하다가 안 되면 자꾸 다른 것으로 바꾸는 까닭도 있다.

하지만 오늘날에도 '한 우물을 파라'는 유효하다. 〈백세인생〉의 이애란이 그것을 말해 준다. '인동초忍冬草'를 생각하라. 인동초는 실제로 존재하는 덩굴성 관목이지만 실제의 관목보다 모진 겨울을 꿋꿋이 견뎌내고 마침내 피어난다는 상징적 의미로 자주 쓰인다.

이애란은 인동초였다. 노래하겠다는 독한 집념 하나로 모진 고난과 시련을 꿋꿋이 견뎌내고 마침내 피어났다. 〈백세인생〉이 대박을 터뜨리면서 그녀는 노래를 부르기 시작한 지 무려 25년 만에 처음으로 어느 공중파 TV에 출연해서 노래를 불렀다. 그녀는 이제 빚을 완전히 갚을 수 있겠다고 기뻐했다.

많은 사람들이 스코틀랜드 가수 수잔 보일Susan Boyl을 기억할 것이다. 55세인 그녀는 술집 등에서 노래를 부르는 무명 가수였다. 그러나 그녀는 노래를 부르겠다는 집념 하나로 견뎌오다가 2009년, 48

세에 영국 TV의 스타 발굴 프로그램인 '브리튼스 갓 탤런트'에 참가자로 출연해서 〈I Dreamed Dream〉을 불러 기립박수를 받을 정도로 돌풍을 일으키며 한순간에 세계적인 스타가수로 떠올랐다. 이애란도 그와 비슷하다. 독한 집념을 가지고 한 우물을 파면 언젠가 반드시 기회가 오고, 꿈은 이루어진다.

너무 순탄한 인생은
재앙일 수 있다

꼭 독하게 살아야 할까

독하게 살아야 한다고 계속 강조해 왔는데 꼭 독하게 살아야만 할까?

물론 자기의 가치를 창출하고 자기가 원하는 것을 성취함으로써 행복한 삶을 살고자 한다면 이 힘든 세상에서 하루하루를 독하게 살아야 한다. '교수신문'은 지난해의 사자성어로 '혼용무도昏庸無道'를 선정했다. 혼용무도는 세상이 암흑같이 어지럽고 도리가 제대로 행해지지 않는다는 뜻이다.

이런 험한 세상, 배려가 없는 치열한 경쟁사회에서 물렁하게, 어물어물 살다가는 낙오하고 만다. 독하지 않으면 자꾸 뒤로 밀려난다. 하지만 독하게 살려면 악착스럽고 억척스러워지기 마련이다. 자신의 한계를 넘어서는 의지와 집념이 있어야 하고, 온갖 고난과 고통을 견뎌내야 한다.

그것 또한 힘들기 짝이 없다. 나태해지려는 자신과 갖가지 유혹과 욕구를 제어해야만 한다. 스스로 무엇엔가 옭아매며 몹시 불편하게 사는 것이 독하게 사는 것이다.

그래야만 할까? 꼭 그처럼 불편하게 살아야만 할까? 독하지 않고 느긋하게 살면서 행복할 방법은 없는 걸까? 이런 생각을 하는 사람들도 많다.

독하지 않게 사는 방법이 전혀 없지 않다. 행복의 수준이나 가치를 크게 낮추면 된다. 우리는 그날그날 끼니만 해결해도 살아갈 수 있다. 남들과의 경쟁을 피하고 욕망과 욕심을 버리고 하루하루 끼니만 해결해도 나름대로 행복하게 살 수 있다.

고대 그리스의 괴짜 철학자 디오게네스는 아무것도 가진 것 없이 통 속에서 살았다. 영웅으로 손꼽히는 알렉산더 대왕이 그를 찾아갔다. 알렉산더는 통 앞에 서서 "당신이 원하는 것이 있으면 말해 보시오."라고 물었다.

그러자 디오게네스는 "햇빛을 막지 말아주시오. 좀 비켜주시겠소?"라고 대답했다. 널리 알려진 유명한 일화다. 디오게네스는 '무소유'無所有를 몸으로 실천한 철학자로 거지 철학자라고 불렸고 노숙

자나 다름없었지만 그 자신은 행복했을지 모른다.

그 정도까지는 아니더라도, 행복의 수준을 크게 낮추고 별 욕심 없이 편하게 살려는 젊은이들이 있다. 이른바 '달관세대'達觀世代다. 암울한 현실에 좌절한 젊은이들이 크게 늘어나면서 생겨난 세태다.

연애, 결혼, 출산, 내 집 마련, 인간관계, 꿈, 희망…… 모든 것을 포기해야 하는 5포, 7포, n포 시대, 아무리 노력해도 아무것도 안 되는 시대에 몸부림치고 분노하고 저항했지만 그래 봤자 무슨 소용이 있는가? 절망적인 미래가 개선될 빛이 보이던가?

차라리 분노의 표출, 헛된 욕망을 버리고 '지금 이 순간을 행복하게 사는 게 낫다.'고 생각하는 젊은이들이 달관세대다. 반드시 젊은이들만은 아니다. 직장인, 기성세대에서도 늘어나고 있다. 오직 회사에 충성하며 승진하기 위해 자신의 삶을 희생시키지 않겠다는 것이다. '저녁이 있는 삶'과 같다.

사실 달관세대는 일본에서 비롯되었다. 대략 4~5년 전부터 일본 젊은이들 사이에서, 절망적인 현실과 미래를 냉정하게 인정하고 지금 이 순간을 편하고 만족스럽게 살자는 이른바 '사토리 세대'가 빠르게 확산되었다. 일본어 '사토리さとり'는 깨달음, 득도 등을 의미하니까 우리 식으로 하면 '달관'이다.

일본 '사토리 세대'는 1980년대 후반, 1990년대 초반 태생들인데

30세가 넘어 중년이 되어서도 삶의 방식이 크게 바뀌지 않고 있다. 이른바 '프리터족'이 그들인데 '프리터'는 Free와 Arbeit를 합친 줄임말이다. 일정한 직업 없이 돈이 필요할 때, 아르바이트나 시간제 임시직 등으로 하루하루를 살아가는 중년들이 갈수록 크게 늘어나 최근 일본의 사회문제가 되고 있다.

이들은 돈 모을 여유도 없고, 돈을 안 쓰고 돈을 빌리지도 않는다. 경제적 여유가 없으니 아예 돈을 모을 생각을 하지 않는다. 또한 돈이 들어갈 인간관계도 회피한다. 그저 자기 혼자 하루하루를 마음 편하게 살아가는 하루살이, 품팔이의 삶이라고 할 수 있다.

너무 순탄한 일생은 재앙일 수 있다

우리 달관세대도 그러한 과정을 뒤따를 가능성이 매우 높다. 나 혼자 살겠다는 독신주의자들인 '나홀로족'이 젊은 층을 중심으로 늘어나는 것과 결코 무관하지 않다. 결혼하고 자녀를 낳아 가족이 형성되면 달관세대로 살기는 어렵다. 혼자 사니까 그날그날 최소한의 욕구를 해결하며 그것으로 만족하며 살 수 있다.

하지만 그러한 삶이 죽는 날까지 영원히 행복할 수 있을까?

지금 당장은 만족스러울 수 있겠지만 자신의 앞날은 자신도 모른다. 갑작스런 사고나 질병으로 큰돈이 필요하게 되면 어찌할 것인가. 자신을 낳고 키우고 교육시키느라고 온갖 희생을 감수한 부모가 나이가 들어 경제력을 잃고 가난에 시달리는데 모른 척 외면할 것인가. 돈이 들어갈까 봐 모든 인간관계를 회피하고 영원히 혼자 숨어서 살 것인가. 자신이 늙어서 아르바이트, 품팔이도 힘들게 되면 어찌할 것인가.

달관세대들은 SNS 등으로 소통하며 인간관계를 갖는다지만 그것은 실체가 없는 간접적인 소통일 뿐이다. 요즘 숨진 지 몇 달이 지나서야 발견되는 홀몸노인이 많고 그런 쓸쓸한 죽음을 맞는 젊은 이들도 적지 않다.

인간은 태생적으로 더불어 사는 존재다. 나 혼자서는 살기 어렵다. 가족, 혈육, 친구, 동료 등이 반드시 필요하고 그에 따른 책임과 의무를 기꺼이 감수하며 사는 것이 인간이다. 남을 도와야 어려울 때 나도 도움을 받을 수 있다.

또한 우리의 삶은 영원히 평탄하고 곧게 뻗은 길로 이어지는 것이 아니다. 맑은 날이 있으면 궂은 날이 있듯이, 우리의 인생에는 고난, 시련도 있고 고통도 있다. 그러한 어려움을 견디고 극복했을 때 행복은 더욱 커진다.

또한 인간은 동물과 달리, 앞날에 대비하며 살아가는 존재이다. 자신의 미래에 대해 준비하지 않으면 언젠가는 반드시 큰 어려움을 겪게 된다. 앞날을 위해 대비하는 과정은 몹시 고통스러울 수 있다. 하지만 그것은 자기 자신을 위한 일이다.

중국에 '화웨이'라는 유명한 이동통신 그룹이 있다. 스마트폰만 하더라도 삼성과 애플을 바짝 뒤쫓고 있는 글로벌기업이다. 이 화웨이 그룹의 런정페이 회장은 그가 쓴 〈위기를 경영하라〉에서 이렇게 말했다.

"물질적 어려움과 정신적 고난은 모두 앞으로의 인생을 더 성숙시킬 수 있는 기회다. 순탄한 인생은 재앙이다. 잘 생각해 보면 여러분이 겪은 고난은 결코 불운이 아니며 오히려 행운이라는 사실을 곧 알게 될 것이다."

그렇다. 당장, 이 순간만 편안하게 살려고 하기보다 좀 더 멀리 앞을 내다보는 지혜가 필요하다. 그러자면 불편을 감수하고 힘들게 살 용기가 있어야 한다. 독하게 살 필요가 있다는 얘기다.

자신의 앞길이 평탄하고 곧은길만 이어진다면 얼마나 지루하고 재미없겠는가. 굽은 길도 있고 언덕도 있고 개울도 있어야 즐겁고 재미있을 거 아니겠는가. 그러면 무엇인가 성취했을 때의 만족감과 행복도 더욱 크게 느껴진다. 화웨이 회장의 얘기처럼 너무 순탄한 일생은 재앙일 수 있다.

난세는 좋은 기회다

인류의 역사에서 난세亂世에는 영웅이 탄생했다. 바꾸어 말하면 시대가 영웅을 만든다고 할 수 있다. 종교에서 말하는 구세주救世主도 인류를 구원할 영웅을 원하는 것이다.

'난세'란 전쟁이나 무질서한 정치 따위로 어지러워 살기 힘든 세상을 가리키는 말이다. 우리들은 어쩌면 지금 난세에 살고 있는지 모른다. 나라 안팎이 모두 갖가지 갈등과 혼란, 경제침체 등에 휩싸여 어지럽기 그지없다.

우리 정치권에서 나라와 국민을 구할 영웅 탄생 조짐은 보이지 않는다. 입으로는 목청 높여 '민생'民生을 외치지만 그야말로 구호일 뿐, 아무런 대책도 없고 행동도 없다. 정치권에서 말하는 이른바 '나토 정치'에 매몰되어 있을 뿐이다. 나토NATO는 행동은 없고 말만 무성한 No Action, Talk Only의 이니셜이다.

영웅은 입으로 떠들지 않고 국민들이 감동하고 뒤따를 만한 행동을 앞장서야 하는데, 지금의 우리 정치에서는 기대하기 어렵다. 그래서 더욱 앞날이 캄캄하게 느껴진다.

태평성대에는 영웅이 나타날 수 없다. 백성들이 모두 편안하고 배불리 잘 먹고 잘 사는데 영웅이 나서서 뭘 어떻게 하겠다는 건가? 영웅은 시대가 요구하고 시대가 만든다.

우리와 같은 보통사람들에게 이 난세에 나라를 구할 수 있는 영웅이 되라는 얘기는 아니다. 난세라고 해서 한탄만 하고 있어서는 안 된다는 얘기다. 영웅이 고난과 시련의 시기인 난세를 맞아 세상을 바꾸듯이, 자기 자신을 변화시켜 보자는 것이다. 자신에게 어떤 식으로든 변화가 필요하다면 난세는 분명히 좋은 기회다.

난세는 위기이다. 위기危機는 위험한 고비나 위기危와 기회機가 합친 말이다. 위기와 기회는 함께 있다. 따라서 국가를 구하는 영웅은 아닐지라도 자신을 변화시키고, 일으켜 세울 기회로 삼는다면 자신이 크게 도약할 수 있는 좋은 계기가 된다.

난세에는 세상이 어지럽기 때문에 그만큼 허점과 빈틈들이 많다. 이럴 때일수록 역발상이 필요하다. 취업난에 허덕이는 젊은이들은 남들 따라 입사경쟁률이 수백 대 일이 넘는 대기업, 좋은 기업에 무작정 무모하게 덤벼들 것이 아니라 자신의 생각을 바꾸어 볼 좋은 기회가 될 수 있다.

기업들이 경영이 어려워 정리해고가 만연하고 있다. 직장인들은 쫓겨나지 않으려고 노심초사하며 퇴근시간, 주말도 없이 자신의 삶을 포기하고 직장을 위해 온몸을 던진다. 그러나 정상적인 기업이라도 한창 일할 나이인 50대 초반이면 대부분 퇴직해야 하는 것이 현실이다. 이런 난국이야말로 개인 창업이나 자기가 하고 싶은 것을 해 볼 수 있는 좋은 기회이다.

기회란 무엇인가? 앞서 간 많은 사람들이 "어리석은 사람은 기회를 포기하고, 평범한 사람은 기회를 기다리고, 현명한 사람은 기회를 만든다."고 했다. 어려울수록 힘들다고 주저앉아 있거나 좋은 시절이 오기를 마냥 기다리고 있을 것이 아니라 스스로 좋은 기회를 만들어야 한다.

그러면 어떻게 좋은 기회를 만들 수 있을까

취업하지 못해 애태우는 젊은이들과 아슬아슬하게 직장생활을 하고 있는 샐러리맨들을 나누어서 생각해 보자.

먼저 취업난에 고통을 겪고 있는 젊은이들이다. 지난해 '제4회 고졸취업 성공수기 공모전'에서 금상을 받은 어느 여학생의 경우를 보자.

'대학에 가서 특별히 공부하고 싶은 것이 없는데 남들처럼 인문계 고교에 진학해서 대학에 가는 것은 욕심이다.'라고 생각한 그녀는 특성화 고교에 들어갔다. 그리고 그녀는 고교 3년 동안 자기가 하고 싶은 일을 찾는 데 온힘을 기울였다.

그녀의 노력은 헛되지 않았다. 학교성적은 중간 정도에 불과했지만 그녀는 의료기기 분야가 자신의 적성에 맞는다는 생각으로 이 분야의 연구와 현장실습에 독하게 매달려 '유헬스 IT경진대회'에서 최우수상을 받았다. 그녀는 고교를 졸업하자마자 의료기기 제조업체에 채용되어 정식연구원으로 당당하게 일하고 있다.

어떤 계열의 전공을 했든 취업난에 허덕이는 대졸자들도 늦지 않았다. 독한 마음가짐으로 자기가 꼭 하고 싶은 것, 적성에 맞는 것을 찾아내야 한다. 그리고 그와 관련된 현장체험 등 연구와 노력에 온몸을 던져야 한다. 정말 독해야 한다.

당장 생계를 위해 보수를 받는 취업이 간절하다면 대기업, 공기업의 이름과 가치에 집착하지 말아야 한다. 그런 대기업에 입사하더라도 조직이 워낙 방대해서 기계부속품에 불과하다. 어지간히 능력이 뛰어나지 않으면 발전하기 어렵다. 그 때문에 정리해고의 대상이 되기 십상이다.

중소기업이나 지방의 작은 기업에 눈을 돌릴 필요가 있다. 그런 기업들은 한 가지 특화된 제품을 생산하는 경우가 많다. 하지만 그 제품이 뛰어나거나 독창적이어서 세계 1등 상품이 되는 '히든 챔피언'들도 많다. 그런데 지방의 중소기업들은 인재를 구하지 못해 어려움을 겪고 있다. 우수한 인재들이 취업난에 허덕이면서도 여건이 좋지 않은 지방에는 좀처럼 오려고 하지 않는다는 것이다.

보수가 좀 적으면 어떤가. 중소기업, 지방기업은 구성원들 간에 경쟁이 치열하지 않다. 그 기업이 자신의 적성에 맞아 능력을 발휘하고 두각을 나타낸다면 어렵지 않게 간부로 승진할 수 있고, 그 기업의 핵심적 역할을 하는 주요인재가 될 수 있다. 나중에 그 기업의 경영자도 될 수 있고, 그 기업의 지원을 받아 그동안 해 왔던 일과 관련된 개인 창업을 할 수도 있다. 얼마든지 자기 꿈을 펼칠 수 있다.

중요한 것은 무엇이든 자기 뜻대로, 원하는 대로 안 될 때는 빨리 자기 자신을 바꾸는 것이 최선이다. 세상을 탓할 것이 아니라, 자신의 생각이나 방식을 과감하게 바꾸어야 한다. 그래야 새로운 길이 보인다.

다음, 현재 직업이 있는 샐러리맨들이다. 직장의 요구나 상사의 지시에 무조건 복종하며 성실하게 일한다고 해서 평생직장이 보장되지 않는다. 난세에 언제 정리해고, 구조조정 바람이 불어 닥칠지 모른다. 엉뚱한 행운, 인생역전을 기대해서는 안 된다. 행운은 준비와 기회가 만나서 오는 결과다.

항상 준비해야 한다. 우선은 직장에 충실하면서 자신의 역량이 돋보일 수 있는 역할과 기능을 찾아내야 한다. 대우증권을 인수해서 국내최대의 증권사가 된 '미래에셋'의 박현주 회장은 연봉 1,500만 원의 샐러리맨으로 출발해서 자산규모가 우리나라 전체 1년 예산과 비슷한 300조가 훨씬 넘는 대기업 총수로소 샐러리맨의 신화가 되고 있다. 그가 자신의 일에서 뛰어난 역량을 발휘한 결과다.

직장에서 자신의 능력을 발휘하기 어렵다면 언제든지 그만둘 각오와 준비를 해야 한다. 매달 꼬박꼬박 월급을 받는 안정된 생활에 만족해서는 안 된다. 준비는 갑자기 직장을 그만두게 될 경우에 대비해서 무엇을 할 것인가에 대한 준비다.

그럼 어떻게 대비하고 준비할 것인가?

직장 일을 하면서도 부지런히 그리고 혼자서 꾸준히 남들과는 다른 새로운 것을 찾고 그것에 대해 공부하고 연구해야 한다. 언제까지나 '미생未生'으로 살 수는 없지 않은가.

40~50대의 어중간한 나이에 직장을 그만두게 된 많은 직장인들

이 대부분 통닭집, 커피전문점, 식당 따위를 창업한다. 하지만 대부분 일 년을 못 버티고 폐업한다. 남들을 따라했기 때문이다.

　식당개업도 그렇다. 비용을 줄이려고 임대료가 싼 장소를 고른다. 임대료가 싼 곳은 장사가 잘 안 되는 곳이다. 임원이나 고급간부가 그만두면 자기 체면을 생각해서 고급음식점을 크게 차린다. 그러다가 체면 때문에 망한다. 경험도 없이 너무 크게 벌였다가 감당을 못하고 빚만 떠안는다.

　IMF경제위기 때, 내가 사는 경기도 일산에서 어느 해직자가 큰 사거리 한 모퉁이에서 호떡 포장마차를 개업했다. 경제가 무척 어려울 때 근처의 직장인들이 호떡으로 점심을 해결했다. 장사가 아주 잘되어 줄을 서야 할 정도였다. 남과 다른 새로운 아이디어가 성공한 것이다.

　신바람이 난 해직자는 근처에 아주 작은 점포를 얻었다. 호떡이 맛있어서 손님이 넘쳐났다. 언제나 긴 줄이 이어졌다. 짧은 기간에 큰돈을 벌게 된 해직자는 무척 큰 점포를 마련했다. 마치 고급식당처럼 깔끔하게 차리고 여러 명의 종업원을 두는가 하면 호떡에 몇 가지 메뉴를 더 추가했다.

　그런데 어찌 된 일인지 그때부터 손님이 줄어들기 시작했다. 결국 그는 일 년쯤 더 버티다가 문을 닫고 말았다. 영업장소는 자기 분수에 맞고 업종에 맞아야 한다. 호떡은 포장마차나 비좁은 점포가 맞는다. 그런 곳에서 바쁘고 돈 없는 사람들이 서서 호떡을 사먹고 줄을 서서 사먹어야 더 맛있게 느껴진다. 허름한 대폿집이 돈을 벌어 큰 술집을 차리면 망한다는 속설도 그런 까닭이다.

직장을 그만두고 꼭 장사를 하라는 얘기는 아니다. 무엇인가 남과 다르고 자기가 자신 있게 할 수 있는 것을 빨리 찾아내야 한다. 그리고 직장에서 자신의 존재가치가 높아질 적당한 시기를 택해 해고당하기 전에 스스로 그만두는 것이 낫다.

미국의 대문호 헤밍웨이는 "쇠가 불에 달구어졌을 때 두드리는 것이 좋은 방법이지만, 그보다 더 좋은 것은 쇠를 두드려서 달구는 것이다."라고 했다.

자기 앞날에 대한 아무런 준비 없이 직장에서 밀려나면 실업자가 된다. 그렇지 않으면 빗나간 마음과 한몫 잡으려는 욕심으로 자기 회사의 제품설계도나 특허기술을 빼내 경쟁업체, 중국의 기업에 팔아넘기다가 발각되어 자신의 앞날을 완전히 망쳐버린다.

지금 당장을 편하게 살려고 하지 마라. 하루하루 독하게 살아야 한다. 그것이 자신을 위한 길이다.

독한 의지로 사랑하고
독한 마음으로
욕정을 줄인다

새삼스러운 얘기는 아니지만 인간은 지구를 지배하는 동물이다. 인간이 만물의 영장이 될 수 있었던 것은 다른 동물보다 월등하게 뛰어난 지능 덕분이다. 그것은 분명히 축복이지만 안타깝게도 뛰어난 지능 때문에 다른 동물에게서는 찾아볼 수 없는 온갖 정신적 고뇌와 고통을 피할 수 없게 되었다.

특히 본능과 관련해서 더욱 그러하다. 잘 알다시피 동물의 본질적인 본능은 식본능과 번식본능이다. 생존을 위한 식본능은 다른 동물들과 별 차이가 없지만 종족보존을 위한 번식본능은 인간에게는 다른 동물들과 큰 차이가 있다. 번식본능, 즉 성본능의 발현에서는 다를 바가 없지만 그 의식意識과 행태 등은 전혀 다르다.

동물들은 성체가 되면 본능과 그 종種이 진화해 온 방식에 따라 수컷과 암컷이 짝짓기를 하면 그것으로 끝이다. 암컷은 임신하고 때가 되면 혼자 새끼 또는 알을 낳아 후손을 이어간다.

그러나 우리 인간은 10대에 사춘기를 맞으면서 이성에 대한 관심과 호기심이 높아지기 시작해서 10대 후반이나 20대에 들어서면 강한 성적 욕구까지 발현되어 본격적으로 이성을 그리워하고 두 남녀만의 배타적인 관계를 맺고자 한다. 이 과정이 다른 동물들에게서는 찾아볼 수 없는 '사랑'이다.

참다운 사랑은 우리 인간만이 향유하는 아름답고 숭고한 감정이다. 하지만 사랑의 과정이 반드시 순조롭게 이루어지지 않는다. 자신이 원하는 이성과 단번에 사랑이 이루어진다면 더 바랄 것이 없겠지만, 남녀가 서로 감정이 어긋나고 때로는 일방적인 짝사랑으로 큰 고난을 겪어야 하는 경우가 너무나 많다.

그 때문에 심각한 사랑앓이를 하거나 폭력, 강압, 납치 등의 무모한 물리적 행동을 하게 되는 경우도 적지 않다. 또한 두 남녀가 서로 사랑하지만 부모의 반대, 여건과 환경 등으로 사랑이 결실을 맺지 못하는 경우도 흔하다.

어떠한 경우라도 두 남녀의 사랑이 원만하지 못하면 어쩔 수 없이 큰 정신적 고통이 뒤따른다. 하염없이 사랑앓이를 하건만 사랑이 이루어지지 못하는 좌절감으로 폐인이 되어 올바른 삶을 살아가지 못하거나 스스로 목숨을 끊기도 한다.

더욱이 실연의 충격과 고통을 스스로 견뎌내지 못하고, 강력한 분노를 표출하는 것이 요즘의 세태이다. 실연에는 상실감 등이 뒤따르는 것은 어쩔 수 없겠지만, 배신감, 굴욕감 등을 갖게 되면서 분노가 더 늘어나 마침내 앙갚음 등 비이성적인 행위가 따른다. 주로 남성들에 의해 자행되는 이러한 이별범죄는 분노의 감정이 폭발함으로써 대부분 극단적 범죄행동이 되기 마련이다.

사랑이 결실을 맺어 남녀가 결혼을 하고 가정을 이룬다고 해서 모두가 영원히 행복한 것은 아니다. 결혼생활을 하면서도 얼마든지 부부사이에 불화가 생겨나고 그것이 골이 깊어지면서 이혼하는 경우도 많다. 우리나라에서 매년 30만여 쌍이 결혼하고 10만여 쌍이 이혼한다. 결혼한 세 쌍 가운데 한 쌍은 이혼한다. 어떤 이유로든 이혼은 불행하며 갖가지 고통이 뒤따를 수밖에 없다.

이혼사유는 비율로 볼 때, 성격차이가 가장 높고 경제적인 문제, 배우자의 외도, 원만하지 못한 성적(性的)관계 등 다양하다. 최근에 와서 배우자의 외도문제가 이혼사유의 절대적인 비중을 차지한다.

배우자 이 외의 다른 이성과 지속적으로 성행위를 갖는 불륜관계는 성개방과 성적 자유 풍조, 간통죄가 폐지되고 성적 자기결정

권이 존중되면서 갈수록 확산된다. 여기에는 남녀평등과 여권신장도 한몫을 차지한다.

또한 굳이 따지자면 남성들에게는 생물학적으로 자신의 유전자를 더 많이 퍼뜨리려는 태생적인 외도본능이 있다. 뿐만 아니라 우리 인간의 성性행동은 다른 동물들처럼 단지 종족보존본능, 번식본능만이 아니다. 인간 성행동의 무려 99%가 '쾌락추구'다. 쾌락추구는 끊임없이 인간의 욕정欲情을 자극한다.

불필요한 설명이지만 우리 인간은 다른 동물들과 비교할 수 없는 숱한 우월성과 장점을 지니고 군림해 왔다. 그것은 축복이기도 하지만 그 대신 다른 동물에게는 없다시피 한 정신적 고통을 지닌 동물이다.

생존본능에 따라 배가 고프면 에너지를 얻기 위해 먹어야 하듯이, 성본능도 그것이 충족되지 않으면 성적욕구를 갖게 된다. 그 욕구는 성체가 된 20~30대에 가장 왕성하다. 따라서 20~30대에 결혼해서 자연스럽게 성적욕구를 해소하는 것이 가장 바람직하다.

그러나 성적 상대가 될 수 있는 남녀가 만나는 과정이나 사랑이라는 절차가 반드시 원만한 것은 아니기 때문에 정신적 고통이 뒤따른다. 또한 인간으로서의 윤리도덕, 사회질서 등으로 인간의 성행동에는 갖가지 제약이 뒤따른다. 성욕이 왕성한 시기에 욕정을 참아야 하는 것도 고통이다.

흔히 '남자는 늑대'라고 하는 말은 결코 허튼소리가 아니다. 대부분의 남성들은 넘치는 욕정을 감추고 살아간다. 윤리도덕, 인격, 체면 등으로 겉으로는 태연한 척 자제할 뿐이다. 그러다가 술을 마시거나 여성과 단둘이 있을 때 자제력이 무너져서 성추행, 성폭행 등을 저지른다.

요즘 성범죄에 대해서는 냉정하고, 여성들도 가차 없이 그런 추잡한 남성을 고발한다. 성희롱이나 성추행이 어찌 보면 하찮은 행동 같지만 자칫하면 성범죄가 되어 곤욕을 치러야 하고, 정도가 지나치면 자신의 앞길까지 망치고 만다.

20~30대의 젊은 나이에 섹스에 매몰되면 마약이나 도박에 빠진 것처럼 다른 일은 아무것도 못 하고 오로지 쾌락추구에만 집착하게 된다. 그러면서 자신의 정상적인 생활이 파괴되어 가파르게 파멸하는 것이다.

어찌 되었든 마약이나 알코올, 도박 등에 중독이 되었다가 과감하게 그것을 끊고 정상적인 생활로 돌아오기는 대단히 어렵다. 그야말로 반드시 끊고야 말겠다는 강한 집념과 의지, 즉 아주 독한 결심이 있어야만 가능하다. 그것은 자신의 한계를 극복할 만한 것이어야 한다.

어떤 이유, 어떤 계기로도 성적 유혹에 집착하다가 중독이 되면 마약중독, 도박중독이나 마찬가지로 그것을 벗어나기가 무척 힘들다.

첫째는 아무리 성적 욕구가 강하더라도 그것에 매몰되지 말아야 한다는 것이다.

둘째는 어쩌다가 자신이 성적 유혹에 빠진 것 같다면 과감한 결단이 필요하다. 그런 유혹에서 벗어나지 못한다면 앞으로 아무것도 할 수 없다는 각오로 자기 자신과 치열하게 싸워야 한다. 정말 독종이 되어야 한다. 자신의 결단력을 시험하듯이 독하게 마음먹고 필사적으로 싸워 반드시 이겨내야 한다. 그래야만 앞으로 다른 일을 할 수 있고, 자신이 발전할 수 있는 계기가 될 수 있다. 탐닉하는 기간이 길수록 그만큼 더 자신이 더 처절하게 파괴될 뿐이다.

자기 자신을
다스리기는
쉽지 않다

우리는 알게, 모르게 자신을 관리하며 살아간다. 이러한 자기관리自己管理는 내적內的으로 자신의 인격, 지적 수준 등을 향상시켜 품위를 유지하기 위한 것이다.

또한 외적外的으로는 자신의 능력을 한껏 발휘하며 신분이나 지위를 상승시켜 다른 사람들로부터 인정받고, 원만한 대인관계를 형성하려는 욕구에서 비롯된다. 따라서 자기관리는 인간답게 살고자 하는 이성적인 행동이며 자신의 의지가 크게 작용한다.

자기관리를 하지 못해 심성에 문제가 있거나 아무 때나 본성을 드러내, 다른 사람들에게 거슬리고 피해를 주는 사람을 '한심한 인간', '쓸모없는 인간', '구제불능 인간', '짐승만도 못한 인간'으로 경멸당한다면 대인관계에 치명적인 결점이 될 수 있다. 우리가 가장 흔하게 사용하는 욕설인 'X새끼'도 동물과 견주며 인간답지 못하다고 경멸하는 욕이다.

결국 자기관리는 그것이 내적이든, 외적이든 자신의 가치를 향상시키고, 신뢰할 수 있는 올바른 인간임을 나타내는 데 결정적인 역할을 한다. 그뿐 아니라 자신의 친인척, 이웃, 친구, 선후배, 동료 등, 자신과 관련된 공동체의 구성원으로서 '꼭 필요한 사람'으로 인정받고 평가받는 데 필수적인 요소이다.

누구나 스스로 알게, 모르게 자기관리를 해 나감으로써 자신의 가치를 높여가기 마련이지만, 그것에는 의식적이며 꾸준한 노력이 뒤따라야 하기 때문에 결코 쉽지 않다.

더욱이 내적인 자기관리가 지성, 덕성, 교양으로 체질화되어 자연스럽게 우러나오려면 상당한 의지가 필요하다. 또한 자신의 능력을 인정받고 원만한 대인관계로 '꼭 필요한 사람'이 되려는 노력은 평생 지속해야 되기 때문에 강한 의지와 독한 마음이 반드시 필요하다. '가치 있는 사람', '꼭 필요한 사람'은 결코 저절로 되는 것이 아니다.

무엇인가 큰 뜻을 이루려는 사람은 더욱 더 자기관리가 중요하다. 정치인이나 고위공직자들의 국회 인사청문회를 보면 자기관리에 큰 문제점들이 드러난다. 추궁하는 국회의원들 역시 반대 입장이 되면 거의 모두 자기관리의 숱한 허점들이 드러날 것이다. 자기관리가 그만큼 힘들다는 것을 말해 준다. 평범한 서민들에게는 별 문제가 되지 않는 것도 국가와 사회의 리더에게는 문제가 된다. 꿈이 클수록 그만큼 자기관리는 큰 비중을 차지한다.

그렇다면 구체적으로 자기관리는 어떻게 해 나가야 할까?
자기관리를 한 마디로 정리하기는 힘들겠지만, 굳이 정의하자면 유교의 경전 가운데 하나인 '대학大學'에 나오는 '수신제가치국평천하修身齊家治國平天下'가 타당할 것 같다. 먼저 자기 자신을 갈고 닦고 나서 가정과 자기 주변을 돕고, 그 다음 나라를 다스리는 일, 천하를 얻는 일에 나서라는 것이다. 참 실천하기 어려운 이야기지만 정답은 정답이다.

자신을 갈고 닦는 것이 곧 내적인 자기관리이다. 스스로 인격이나 교양 등을 꾸준히 길러나가 품격을 갖추는 일이 선행되도록 노력해야 한다.

자기 스스로의 절제와 극기克己의 독한 각오가 있어야 한다. 그것이 바로 수신修身이다. 흔히 말하듯이 '하늘을 우러러 한 점의 부끄러움도 없다.'면 더 바랄 것이 없다.

그렇다고 해서 경직되어서도 안 된다. 항상 웃는 얼굴, 온화한

말씨, 부드러운 마음가짐이 있어야 한다. 겉으로는 부드럽고 속으로는 강해야 한다. 그래야만 원만한 대인관계를 유지할 수 있다.

외적 자기관리라고 할 수 있는 대인관계는 남들에게 좋은 이미지를 심어주어 자신에게 호감을 갖게 하는 것이 핵심이다. 사교적인 사람은 남에게 호감을 준다. 서로 어울려 놀 때 잘 노는 것도 호감을 준다. 요즘은 잘 노는 것도 능력으로 평가받는다.

한때는 술을 잘 마시는 사람이 남자답고 사교적인 사람으로 평가받았다. 그래서 술 잘 마시는 것이 자랑거리가 되기도 했지만 요즘은 반드시 그렇지 않다. 술 잘 마시는 사람은 실수할 가능성도 높기 때문에 오히려 조심해야 한다.

동창회를 비롯해서 각종 모임에는 총무라는 직책이 있다. 모임을 주선하고 관리하며 갖가지 연락을 책임지는 귀찮은 직책이지만, 자청해서 총무를 맡는 사람들도 많다. 그만큼 구성원들 사이에서 꼭 필요한 사람이 될 수 있기 때문이다.

어찌 되었든 대인관계에서는 자신을 좋은 방향, 긍정적으로 부각시키고 능력을 인정받는 것이 중요하다. 그를 위해서는 믿을 만한 인간 그리고 자기 책임을 다할 줄 아는 인간이 되는 것이 가장 중요하다.

자기관리는 세상을 살아가는 처세술이어서 남들과 더불어 사는

데 필요한 삶의 방법이다. 그러나 거듭 얘기하지만 자기관리가 생각처럼 녹녹하지 않으며 반드시 자기가 원하는 대로 되는 것도 아니라는 데 문제가 있다.

왜 그럴까? 여러 이유가 있겠지만 피하기 어려운 '체면體面의식'과 '본성本性'을 빼놓을 수 없다.

'체면'은 사전적으로 '남을 대하기에 떳떳한 도리'로 되어 있으며 인격이나 교양이지만, 자신의 본심을 감추는 것이다. 따라서 자주 위선적으로 된다는 것이 문제다. 말하자면 자신의 본심과 실제행동이 서로 상반된다.

많은 사람들과 더불어 살아가면서 때로는 체면이 필요하지만, 그 때문에 실제행동에 진정성이 없다면 신뢰감이 무너진다. 서로 믿지 못한다면 그것 하나로도 오래도록 공들여 온 자기관리가 물거품이 된다.

그 다음, 자기관리를 힘들게 하는 것 가운데 하나가 바로 '본성本性'이다. 본성은 지니고 태어난 생물학적 본성이 있고, 사람마다 그의 타고난 성격에 따른 본성이 있다.

앞서 얘기했지만, 자기관리는 학습을 통해 숙달되며 인간으로서의 이성적인 행동을 하는 것이다. 하지만 그것이 자신의 본성과 일치되는 것은 아니다. '본성'은 자기가 지닌 본래의 습성이나 버릇이다.

보통사람들은 아무리 자기관리를 철저히 해도 살아가면서 수없이 부딪치는 갖가지 상황에서 뜻하지 않게 본성을 드러낼 때가 적지 않다.

TV예능프로그램에서 '몰래카메라'가 재미있는 것은 출연자가 카메라를 인식하지 못하고 자신의 본성을 드러내기 때문이다. 가령 길바닥에 떨어져 있는 5만 원짜리 지폐를 발견했을 때 사람들이 드러내는 갖가지 본성적인 행동으로 웃음을 자아낸다.

평소에는 품위 있고 교양 있는 사람이지만, 술에 만취하면 본성을 드러내 심하게 주사를 부리거나 야수로 변해 여성들을 성희롱하거나 강압적인 성폭행을 저지르는 것도 본성이 드러나기 때문이다.

물론 요즘처럼 불안한 사회에서 스트레스로 시달리다 보니 순간적으로 '욱' 하며 감정이 폭발해서 우발적 범죄를 저지르게 된다고 하지만 그 밑바닥에는 거친 본성이 있는 탓이다.

자기관리는 이성적인 행동이고 본성은 자신의 감정이다. 어린아이가 아닌 이상, 이성과 감정이 일치하기는 여간 힘든 일이 아니다. 우리는 인간이기에 이성적인 행동을 해야 하며, 이성적인 행동에는 자신의 감정조절도 포함된다.

감정을 조절할 줄 알아야 하는 것이 자기관리의 핵심이다. 또한 자기관리가 철저해야 감정조절도 가능하다. 무엇보다 독한 마음가짐으로 자기관리에 힘을 쏟아야 이 힘한 세상을 원만하게 살아갈 수 있다. 자신이 추진하는 일에 실패는 있을 수 있어도 감정조절에 실수를 유발하면 돌이키기 어렵다.

'꼰대'도 물론 아프다

얼마 전, 평소 가깝게 지내는 선배작가가 종합병원에 입원해서 병문안을 갔다. 병실에서 이런저런 대화를 하는데 선배작가가 젊은이 얘기를 꺼냈다. 60대에 들어선 자신이 젊은이들로부터 늙은이, 꼰대라는 소리를 가끔 들으면서 세대갈등, 소통부재를 실감하게 되어 그들에게 부정적인 시각을 가져왔는데 병원에 있으면서 자신의 생각이 좀 달라졌다고 했다.

내가 의아해 하자, 그는 몇 가지 체험을 얘기했다. 줄담배를 피우는 선배작가는 입원해 있으면서도 흡연을 참기 어려워 틈틈이 병원 밖으로 나가 담배를 피웠는데, 무척 불편할 수밖에 없었다.

바늘이 손목에 꽂힌 여러 개 링거 팩들이 매달린 폴대를 끌고 병원 밖으로 나가야 했고, 크고 무거운 병원 여닫이 현관문을 한 손으로 열기가 쉬운 일이 아니었다는 것이다.

그런데 마침 젊은이가 현관문 근처에 있을 때면 남녀를 불문하고 문을 열어주고 선배작가가 밖으로 나갈 때까지 또는 병원 안으로 들어올 때까지 문을 붙잡아 주더라는 것이었다. 중년 남녀 대부분은 자기만 들어가고 나가버리는데 말이다.

선배작가는 스마트폰을 사용하는데 나이 탓인지 조작이 서툴러 툭하면 에러가 생겨나서 당황했는데, 병원에서는 어쩔 수 없이 눈에 띄는 젊은이를 붙잡고 도움을 구했다고 했다. 그럴 때마다 젊은이들이 귀찮아하지 않고 정성을 다해 정상적으로 작동하도록 도와주더라는 것이었다.

선배는 입원하기 전, 빙판길에 미끄러져 크게 넘어진 적이 있는데, 횡단보도 근처여서 주변에 사람들이 많았지만 즉시 달려와 부축하며 다친 곳은 없냐고 일으켜 세워 준 것도 고등학생으로 보이는 청소년이었다고 했다. 지하철이나 시내버스에서 노인들에게 서슴없이 좌석을 양보하는 것도 청소년들이라고 했다.

최근의 어느 조사에서 청소년들은 자신의 삶보다 우리 사회의 미래를 더 불안하게 생각하는 것으로 나타난 점을 지적하며, 선배는 청소년, 젊은이들의 건전성을 흐뭇하게 생각했다. 그러면서 기성세대들도 청소년, 젊은 세대에 대한 그릇된 인식을 바꿀 필요가 있다고 강조했다.

세대 갈등의 타협점은 어디에

미래를 지향하는 젊은 세대는 그 특성상 진취적이며 자신들의 보다 나은 미래를 위해 적극적으로 변화를 추구하기 마련이다. 그에 비해 기성세대들은 현실적이고 사회를 움직이는 주동세력으로 변화보다는 안정을 추구하기 때문에 보수적이다.

따라서 세대 간에는 갈등과 충돌이 불가피하며, 사회가 어지럽고 미래가 불안할수록 그 갈등은 증폭되고 수많은 충돌이 야기되면서 젊은 세대는 기성세대를 불신하며, 기성세대는 경험이 부족한 젊은 세대들이 더욱 사회혼란을 부추긴다고 폄하한다.

지금의 우리 사회는 장기적인 경제침체가 지속되어 한참 일해야 할 젊은이들은 일자리를 얻지 못해 아우성치고, 빈부의 격차는 갈수록 심각해진다. 가진 자들은 더욱 탐욕스러워지고 못 가진 자들은 신분상승의 기회조차 얻지 못하는 이른바 '흙수저'가 되어 '헬조선' '망한민국'을 한탄한다.

더욱이 정치권은 이러한 사회적 고통과 불안에 아무런 도움도 주지 못한다. 그리하여 빈부격차의 갈등, 노사갈등, 이념갈등 등은 사회를 이분화二分化시키고 사회적 분노가 폭발직전에 이르렀다.

세대 간의 갈등도 갈수록 커져 젊은 세대들은 이 지경에 이른 우리 사회의 책임을 기성세대에게로 향해 그들을 불신하며 낡은 사고방식을 가진 '꼰대'라고 무시한다.

한편 기성세대는 젊은 세대들이 어른의 말을 듣지 않는 소통부재, 말이 통하지 않는다고 힐책한다. 부모의 헌신적인 지원으로 부족함이 없이 성장했으면서도 자기만 아는 이기주의에 빠져서 어른을 공경할 줄 모르고 제멋대로 하는 싸가지 없는 것들이라고 매도한다.

그야말로 세대갈등은 이념갈등처럼 타협점이 없이 자신들의 주장만 내세우는 엇박자와 평행선을 달린다. 그렇다고 여기서 심각한 사회문제가 되는 세대갈등의 본질을 얘기하려는 것은 아니다. 우리의 실생활과 관련해서 세대 간의 이해와 배려를 강조해 보려는 것이다. 세대 간의 이해와 배려는 가정을 화목하게 만들고, 나아가 우리 사회의 안정에 크게 도움을 줄 수 있기 때문이다.

지금의 기성세대 가운데 60대 이상은 우리나라 산업화와 눈부신 경제발전의 주역들이다. 그들은 가난에서 벗어나기 위해 온몸을 던졌으며, 과감하게 자신을 버리고 가족과 자녀를 위해 헌신했다.

그들은 당연히 노부모를 부양했으며 자녀들이 고등교육을 받도록 모든 것을 희생했다. 그들의 헌신과 희생이 밑거름이 되어 경제가 성장했다. 그 덕분에 평균적으로 가정의 생활수준이 향상되고 안정되어 자녀들은 대부분 대학교육까지 받았다.

지금의 50대는 쉰 세대가 아니라 이른바 '낀 세대'로서 산업화시대의 치열한 경쟁사회에서 살아남기 위해 몸부림쳤다. 자신의 현실조차 감당하기 어려운 상황에서 부모의 부양문제로 갈등하며, 하나 또는 둘뿐인 자녀를 왕자, 공주처럼 떠받들어 자녀들이 원하는 대로 아낌없이 지원했다.

오늘날 젊은 세대들은 기성세대, 그들 부모세대의 헌신적이고 희생적인 지원으로 고학력자가 되었으며 꾸준히 경제적 혜택을 받았을 것이다. 기성세대들은 그러한 자기희생에 대한 자긍심이 있으며 비교적 성공한 세대임을 자부한다. 따라서 자신들의 노하우를 내세우고 싶어 하고, 그들의 자녀, 젊은 세대들로부터 인정받고 싶어 한다.

그러나 젊은 세대들의 의식은 예전과 크게 다르다. 세계가 한울타리에서 움직이는가 하면, 과학기술을 비롯한 사회변화가 예전과는 비교할 수 없을 정도로 빠르게 진행되고 내일은 어떻게 변할지 예측조차 하기 힘들다. 아날로그에서 디지털로의 변화는 그 속도를 더욱 가속화시킨다.

자동화시대는 일자리를 크게 감소시키고 있다. 생존을 위한 피나는 경쟁은 남에 대해서 이해와 배려할 만한 틈조차 주지 않는다. 이런 가혹한 사회에서 젊은 세대들의 고난과 시련에 대한 경험 부재, 고학력, 높은 의식수준 등은 그들에게 더욱 자기중심적 사고에 부채질을 해댄다. 또한 젊은 세대들은 급격한 변화에 민감하지 못한 기성세대의 구태의연한 사고방식에 공감을 못해 소통이 어려워진다.

또한 그들의 부모가 내세우는 자녀를 위한 헌신과 희생에 대해 그것은 부모로서의 당연한 의무이자 책임으로 생각하며 자신들도 자기 자녀에 대해 그러한 의무와 책임을 다하면 된다는 사고방식이다.

거기다가 남녀평등과 여권신장도 세대 간의 갈등에 큰 영향을 미친다. 저출산으로 외동딸, 많아야 딸만 둘인 가정에서 과잉보호를 받으며 부모의 아낌없는 지원으로 고등교육과 온갖 혜택을 받고 성장한 그녀들은 당당하며 남녀관계에서도 주도권을 가지려고 한다.

연애과정에서, 남자가 결혼하면 시부모를 모셔야 된다고 하면 배우자감에서 탈락한다. 결혼하면 장남이라도 당연히 독립해서 살아야 한다. 그녀들에게 부모는 친정의 친부모뿐이다. 은근히 시부모는 부모가 아니라고 생각한다. 시댁은 자신과 다른 세계인 '시월드'라고 하면서 거의 본능적으로 싫어한다. 이런 현실에서 세대 간의 갈등은 피하기 어렵다. 점점 더 갈등의 골만 깊어질 뿐이다.

그러면 어떻게 세대 간의 갈등을 줄일 수 있을까.

우리 인류는 진화과정에서 수명이 빠르게 길어졌다. 유인원과 다름없던 시절 20년 남짓하던 수명이 현생인류의 조상인 호모 사피엔스에 이르러서는 40년 넘게 살 수 있었다.

동물들은 죽을 때까지 번식능력을 지녔지만 인류의 여성은 폐경을 하고도 훨씬 더 오래 살 만큼 수명이 길어졌다. 다른 동물에게서는 찾아 볼 수 없다. 늙은 여성들은 번식능력은 없지만, 젊은 여성들이 먹잇감을 구하러 다니도록 그녀들이 낳은 아이를 돌보아주는 아주 중요한 기능을 했다.

늙은 남성들은 노동력은 크게 떨어졌지만 그들의 풍부한 경험이 젊은이들에게 큰 도움을 주었다. 위기의 순간, 생존에 가장 중요한 이동방향결정, 먹잇감이 있을 만한 곳 등을 찾아내는 데 젊은이들은 나이 많은 남성들의 도움을 구했고 그것은 적절하게 활용되었다. 어느 집단에서든 노인, 어른은 백과사전, 도서관과 같은 기능을 하면서 젊은이들에게 존경받았다.

가부장사회에서 노인공경과 효孝는 가장 중요한 덕목이었으며, 지금도 아프리카 원시부족들에서 자녀의 배우자 선택을 비롯해 부족의 중대한 사항들을 결정하는 데 노인들이 절대적인 권한을 갖는다. 말하자면 노인은 비록 노동력이 없더라도 밥만 축내는 것이 아니라 확실한 존재가치가 있다.

물론 오늘날 빠르게 변화하는 사회에서 홍수처럼 쏟아지는 새로운 생존과 생활정보는 노인들의 체험적 정보와는 거리가 멀고 젊은 이들은 인터넷 등을 통해 노인이나 어른의 도움 없이 얼마든지 그러한 정보들을 얻는다. 구태의연한 사고방식을 가진 기성세대의 도움이 필요 없다. 또한 디지털 시대에 기성세대들의 아날로그 사고방식은 거의 효용가치가 없다.

그러나 시대가 흐르면서 차츰 아날로그가 평가를 받기 시작하는 것은 무슨 까닭일까? 그것은 디지털의 빠른 속도, 효율성, 과학성과 합리성에도 차가움과 냉정함에 피로감이 쌓여가기 때문이다. 아날로그의 따뜻함과 비과학적, 비이성적이지만 인간다운 감성이나 정서가 그리워지기 때문이다.

젊은 세대로서는 기성세대를 외면하고 무시할 것만 아니라 그들을 존중할 필요가 있다. 젊은이들만 아픈 것이 아니라 '꼰대'들도 아프다. 그들은 자신들의 헌신과 희생을 인정받지 못하고 젊은이들에게 외면당하는 아픔과 외로움으로 허탈감에 빠져 있다.

하기는 이 글 앞머리에서 선배작가가 우리 청소년, 젊은 세대에 대한 인식이 바뀌었다고 얘기했던 것처럼 젊은 세대들을 싸가지 없다고 무조건 미워할 것이 아니라 그들을 이해하려는 노력도 절대적으로 필요하다.

사실 요즘 우리 젊은이들의 본성이나 심성은 대부분 올바르다.

다만 IMF 경제위기 이래 벌써 20년 가까이 지속되는 심각한 경제 침체 속에서 견디기 어려운 취업난, 미래에 대한 불안으로 젊은이들이 온갖 스트레스에 휩싸여 있기 때문에 남들을 배려할 마음의 여유가 없을 뿐이다.

자신에게는 관대하면서 남에게는 가혹한 것이 모든 사람들의 기본 성정이다. 항상 남을 배려한다는 것은 쉬운 일이 아니다. 남다른 의지와 노력이 있어야 한다. 세대 간의 배려는 살벌한 우리 사회에 정情을 오가게 하고 온기를 불어넣는 데 크게 기여할 것이다.

우리가 흔히 쓰는 교훈에 '가화만사성家和萬事成'이 있다. 가정이 화목하면 모든 일이 뜻대로 이루어진다는 뜻이다. 세대 간의 이해와 배려야말로 그것의 기본이다.

늙은 부모가 장성한 자식에게 불필요한 말 같지만

"차조심해라."

"밥은 꼭 챙겨먹어라."

하는 걱정은 지금도 유효하다. 젊은이들에게는 그런 부모가 살아계신 것만으로도 든든하고, 늙은 부모는 매사가 걱정스러운 성장한 자녀가 있다는 것만으로도 행복하다.

"어머니, 아버지, 어디 불편한 데는 없으세요?"

그 한마디만으로도 세대 간의 소통이 이루어진다.

'부질없는 생각'을 줄여야 독해진다

"나는 생각한다. 고로 존재한다."

근대철학의 아버지로 불리는 17세기 프랑스 철학자 데카르트가 남긴 유명한 말이다.

인간은 생각을 할 줄 아는 동물이다. 인간은 생각을 통해 문화와 문명 그리고 과학과 기술을 창조해 냈다. 생각한다는 것은 무엇이든 창조해 낼 수 있다는 것이며 정신세계를 풍요롭게 할 수 있는 인간만의 능력이다.

생각이 부족하면 인간답지 못하다. 우리는 아주 많은 생각을 하면서 살아간다. 세상이 복잡할수록 생각은 더욱 많아지고 갖가지 걱정도 많아진다. 그러나 생각이 많아질수록 그만큼 쓸모없는 생각들도 많아진다. 이미 다른 항목에서 부질없는 생각에 대해 부분적으로 설명했지만 좀 더 구체적으로 얘기해 보려고 한다. 왜냐하면 생각이 많으면 많을수록 그만큼 활동력이 위축되기 때문이다.

독하게 살아야 한다는 것은 바꾸어 말하면 자신이 추구하는 것에 대한 강한 집념과 열정 그리고 용기가 있어야 한다는 것이다. 이러한 것들은 모두 가만있지 않고 움직여야 하는 것들이다. 즉 남다른 활동력이 있어야 가능하다.

그런데 생각이란 두뇌의 활동이지 신체적인 행동은 아니기 때문에 생각하는 시간이 많을수록 활동성은 떨어진다. 더구나 부질없는 생각으로 많은 시간을 허비한다면 그만큼 독한 마음을 갖기가 어렵다.

그렇다면 쓸모없는 생각이란 어떤 생각일까? 몇 가지로 나누 볼 필요가 있다.

먼저 '인생, 삶에 대한 회의'다.

'인생은 무엇인가', '나는 왜 사는가', '산다는 게 무엇인가'와 같은 삶의 본질에 대한 생각과 고뇌. 물론 무작정 부질없는 생각이라는 얘기는 아니다. 청소년시절 자신의 정체성과 인생관을 정립하는 과정에서 그에 대한 생각이 반드시 필요하다.

하지만 인생의 본질을 추구하는 데 집착하면 생각이 많아지고 깊어질 수밖에 없다. 더욱이 그것은 영원히 해답이 없는 의문이며 사람마다 다르기 마련이어서 정답이 없다.

인생의 본질에 대한 의문과 회의에 빠져든다는 것은 부질없다. 불교의 스님들은 그에 대한 '깨달음'을 얻기 위해 평생 수행하고 정진한다. 생각하면 할수록 오히려 더욱 의문만 늘어나는 것이 삶의 본질이며 생각이 깊어질수록 부정적인 결론만 늘어난다.

인생의 본질에 대해 부질없는 생각으로 많은 시간을 소모하기보다 차라리 좋은 교양서적 한 권을 읽는 것이 인생에 실질적인 도움을 준다. 또한 그 시간에 무모하리만큼 열정적으로 활동하는 것이 실제적인 발전에도 플러스가 된다.

둘째, 우리의 생각에는 여러 종류가 있다. 어떤 상황에서 선택과 결정을 위해 반드시 필요한 생각도 있고, 자신이 하는 일과 관련해서 상상하거나 창의성을 찾으려는 생각, 인생목표나 꿈을 구체적으로 추구하는 활동성 있는 생각들이 대부분이지만 그렇지 않은 생각들도 있다. 이를테면 헛된 망상, 터무니없는 과대망상 따위는 부질없는 생각이다.

'망상妄想'이란 사전적으로 '이치에 맞지 않는 망령된 생각'을 뜻한다. 또한 망상은 '병적으로 생긴 잘못된 판단이나 확신을 나타내는 정신적 질환'이다. 더욱이 망상은 활동할 때보다 아무것도 안 하고 혼자 있을 때 더 많이 생긴다. 활동적인 모험이나 도전, 용기와는 거리가 멀다.

여성들 가운데는 현실과 환상을 혼동하고 온몸을 명품으로 치장하고 끊임없이 고가품을 사들이며 마치 재벌 딸인 것처럼 착각에 빠져 생활하는 이들이 있다. 이른바 '루시드 드림'Lucid Dream, 자각몽처럼 꿈과 현실을 구분하지 못한다. 이것 또한 부질없는 생각에 빠져 있기 때문이다.

어떤 젊은 남성이 로또복권을 구입하면서 수십억 원에 당첨된 망상에 빠져 넋을 잃고 있다면, 얼마나 부질없어 보이겠는가. 그런 망상에 빠져있을 시간에 독하게 알바라도 해서 적은 돈이라도 확실한 소득을 생기게 해야 한다.

셋째, 안이한 생각이다. 당연히 버려야 할 부질없는 생각이다. 세상에 노력 없이 거저 되는 일은 아무것도 없다. 힘들이지 않고 되는 일도 없다. 그런데도 쉽게 돈 벌 일이 없을까 궁리하는 젊은이들이 많다. 그에 따라 일확천금을 잡을 수 있는 온갖 생각을 계속하다 보면 도박이나 사기, 횡령 따위의 불법적인 행위들을 떠올린다. 우리나라 사이버 범죄의 무려 42%가 20대에 의해 자행되는 것이 그 까닭이다.

또한 방 안에서 손쉽게 인터넷 도박으로 큰돈을 벌려하고 크고 작은 사기행위를 한다. 그렇지 않으면 역시 손쉽게 큰돈을 버는 보이스피싱에 가담하는 경우도 적지 않다. 비록 하수인에 불과하더라도 보이스피싱 범죄자의 대다수가 젊은이들이다.

직장인들이 안이한 생각, 손쉽게 돈 벌 방법이 없을까 궁리를 하면, 직장에서의 보수가 자신의 노력과 노동력에 비해 너무 적다는 생각을 하고, 그러면 갑자기 불만이 커져 일하기 싫어진다. 그러다가 자칫하면 공금까지 횡령할 수가 있다.

인간으로서 생각 없이 살아갈 수 없다. 선택과 결정, 자신의 일과 진로에 대해 합리적으로 생각해야 한다. 아울러 남들과의 관계도 올바른 생각에 의해 이루어진다.

그러나 살아가는 데 아무런 도움이 되지 못하는 쓸모없는 생각이 깊어지면 행동성이 떨어져 자기발전을 위한 생산적인 활동을 하기 어렵다. 더구나 부질없는 생각이 많아지면 자신을 일으켜 세울 강한 집념과 용기가 희석되고 독한 마음이 줄어든다.

걱정은 곧 생각에 빠지게 만들고 쉽게 결론을 내지 못하게 만들어 쓸데없이 생각하는 시간을 증가시킨다. 그런데 우리의 걱정 가운데 90% 이상이 어떤 결정과 해결책을 찾아내지 못할 만큼 부질없는 것들이다. 부질없는 걱정은 부질없는 생각을 동반한다.

생각이 많다고 해서 반드시 교양인이 되는 것도 아니며 현명한 결론을 얻는 것도 아니다. 생각보다 행동이 중요하다. 자기 자신이 놓여 있는 현실에 행동으로 부딪쳐야 한다.

설령 그러한 행동이 무모하더라도, 부질없는 생각으로 자신을 소모시키는 것보다 한결 낫다. 어찌 되었든 어떤 구체적인 결과 정도는 얻어낸다. 행동이 실패를 가져오더라도 그 실패는 자신을 성공으로 이끄는 가치 있는 길잡이가 된다.

다들 그렇게 하잖아

'쏠림현상'이 있다. '쏠림'은 '물체가 기울어져 한 쪽으로 몰리다, 마음이나 눈길이 어떤 대상에 끌려서 한 쪽으로 기울어지는 것'을 말한다.

느닷없이 어느 한 쪽으로 갑자기 휩쓸리는 쏠림현상은 전염병처럼 빠르게 확산되는 '유행流行'과 비슷하지만 그 실제적인 현상이나 상황 또는 쓰임새에 다소 차이가 있다.

'친구 따라 강남 간다'는 속담처럼 "다들 그렇게 하니까……" "남들이 그러니까……."와 같이 쏠림현상은 자신의 주관主觀이 결여된 채, 많은 사람들이 몰리는 쪽으로 무조건 뒤따라가는 것이다.

그래야 다른 사람들에게 뒤처지지 않고 동등한 위치에 설 수 있을 것 같다, 그래야 남들에게 밀리지 않고 당당하게 경쟁할 수 있을 것 같다는 심리작용이다.

학생들 사이에서 어떤 특정한 브랜드의 백팩이나 운동화, 아웃도어가 돋보이기 시작하면 순식간에 그 특정 브랜드 제품으로 쏠린다. 마침내 그 특정 브랜드를 갖지 못하면 다른 아이들에게 은근히 멸시당한다. 그 때문에 자녀들은 대개 비싼 제품인 그 특정 브랜드 제품을 사달라고 부모를 조른다.

남들이 자녀를 유치원 때부터 영어조기교육 시키니까, 나도 어쩔 수 없이 비싼 수강료를 내며 어린아이에게 영어를 배우게 한다. 남들이 자녀를 학원에 보내 선행학습을 시키니까 앞 다투어 선행학습을 시킨다. 이것 또한 원칙 없는 쏠림현상이다.

사교육에서 선행학습은 아이가 배워야 할 교과과정을 크게 앞질러가며 미리 배우는 것이다. 중학교 1학년이 학원에서 2학년 교과과정을 미리 배우는 식이다. 앞으로 좋은 대학, 이른바 '일류대학'에 가려면 대학입시에서 좋은 성과를 내는 고등학교에 진학해야 한다는 생각이다.

그러기 위해서는 중학과정을 남들보다 미리 배우고 익혀 다른 아이들과의 경쟁에서 앞서가야 한다는 것이다. 선행학습이 쏠림현상이 되어, 요즘 학원에서는 초등학교 5학년 학생이 벌써 중학과정을 완전히 선행 학습한다는 것이다.

지난 1989년에 해외여행이 자유화되었을 때, 가까운 일본여행을 하면 주부들이 너나할 것 없이 코끼리 표 전기밥통을 사왔다. 영국에 여행 가서는 '버버리' 매장을 한국관광객들이 휩쓸었다. 특히 버버리 머플러는 완전히 동이 날 지경이었다. 그래서 당시 버버리 머플러는 국민 머플러가 되었다. 그야말로 전형적인 쏠림현상이다.

근래에 와서 우리 국내영화의 수준이 높아졌지만 툭하면 1,000만 명 넘는 관객을 동원해서 흥행에 크게 성공한다. 나도 영화를 좋아하는 편이라 소문난 영화는 되도록 빼놓지 않고 관람하지만, 어떤 영화는 저 정도의 영화에 어떻게 관객이 몰릴까 의아스러울 때도 많다.

일단 홍보에 성공해서 관객들이 쏠리기 시작하면 걷잡을 수 없이 불어난다. 남들이 다 그 영화를 봤는데 나만 안 보면 어딘지 뒤떨어지고 남들과의 대화에 끼어들지 못할 것 같아 억지로라도 틈을 내 그 영화를 보는 것이다. 역시 쏠림현상이다.

영화, 뮤지컬, 연극 등의 흥행 관계자들은 그러한 현상을 '바람'이라고 한다. 작품 수준이나 내용을 떠나 홍보를 잘해서 일단 바람이 불어야 관객이 몰린다는 얘기다.

국회의원 선거 등 각종 선거도 마찬가지다. 입후보자의 능력이나 정치역량, 소속정당에 큰 관계없이 홍보를 잘하든, 어떤 이슈가 큰 효과를 거둬 일단 특정후보가 바람몰이에 성공하면 당선된다는 얘기다. 바람이 불면 무조건 그 후보자에게 표가 쏠린다는 것이다. 이것 또한 대표적인 쏠림현상의 하나다.

개척자, 선구자들은 모두 독한 마음을 가졌던 독종들이다

강조하고 싶은 얘기는 이러한 쏠림현상에 편승해 남 따라 하다간 성공하기 힘들다는 것이다. 남을 따라가면 결코 남을 능가할 수 없다. 잘되어야 남만큼 될 수 있을 뿐이다.

왜냐하면 자기만의 주관이 없기 때문에 독특한 아이디어나 창의력을 발휘하기 어렵다. 그래서 미국 하버드 대학의 하워드 가드너 교수는 창의성을 가로막는 단 한마디는 "다른 사람과 똑같이 하라."는 것이라고 말했다.

요즘 자조적인 농담 가운데 "정말 바람직하게도 우리나라에서 대학들의 격차가 완전히 없어졌다."는 것이 있다. 즉 고등학교 입시생들이 남들 따라 이른바 일류대학에 가려고 수많은 사교육, 과외 공부에 매달리는데 이제 일류대학이니 지방의 3류 대학이니 하는 대학 격차와 구별이 없어졌다는 얘기다. 그 이유는 일류대학에 가나 3류 대학에 가나 취업이 안 되기는 마찬가지라는 것이 농담의 핵심이다.

우리의 쏠림현상과 같이 뒤처지지 않으려고 남들을 따라가다가는 본전도 찾기 어려운 것이 요즘 현실이다. 원하는 것을 얻으려면, 오히려 남들과 달라야 그 가능성이 높다. 남들이 가지 않은 길, 아주 낯선 길, 또는 없는 길을 새로 만들며 나아가고, 상식을 벗어난 비상식적인 판단력이라도 지녀야 남들을 뛰어넘고 무한한 성공과 성취의 가능성을 확보할 수 있다. 이러한 것을 경제 분야에서는 '블루 오션'Blue Ocean이라고 한다.

예컨대 사냥꾼들이 사냥감이 많다고 알려진 골짜기로 남들을 따라서 한꺼번에 몰리면 사냥감을 획득할 확률이 그만큼 낮아진다. 사냥감이 발견되면 한꺼번에 몰린 많은 사냥꾼들이 일제히 엽총을 쏘아대기 때문이다. 하지만 어느 사냥꾼이 다른 사냥꾼들이 찾지 않는 외진 곳으로 혼자가면 사냥가능성이 낮아 보이지만 어쩌다 사냥감이 발견되면 오롯이 혼자 차지할 수 있는 것과 같다.

최근에 와서 귀농, 귀촌이 크게 늘어나는 것도 남들과 다른 길을 가려는 노력의 하나다. 1960~1970년대 우리나라 경제의 산업화와 함께 수많은 사람들이 도시로 몰렸다. 젊은이들은 남녀를 가릴 것 없이 '무작정 상경'으로 일자리를 찾아 도시로 몰리는 쏠림현상이 빚어졌다.

그로 말미암아 많은 사람들이 경제적 성과를 얻고 도시에 정착하며 안정된 생활을 했지만, 그 반면에 치열한 경쟁에 밀려 쓰라린 좌절감에 큰 고통을 겪은 사람들도 무척 많다.

그런데 요즘 그 반대로 노인들만 남은 농촌이나 어촌으로 돌아가는 사람, 도시태생이지만 스스로 도시를 떠나 낯선 농어촌에 가서 새로운 삶을 개척하려는 사람들이 크게 늘어난다. 특히 그러한 젊은이들이 많다는 것은 매우 바람직한 현상이다.

남들보다 먼저 그러한 선택을 했던 사람들 가운데는 농민, 어민으로서 크게 성공한 사람들도 적지 않다. 새로운 농사기술이나 농업경영, 남들과 다른 특용작물재배에 성공해서 고소득을 올리는 사람들이 적지 않다. 요즘 농어촌도 억대의 연소득을 올리는 농민, 어민들이 점점 많아져 도시인들 부럽지 않은 생활을 한다.

또한 농수산물을 소비자와 인터넷 직거래를 통해 높은 소득을 올리거나, 약초, 약재 등을 개발, 제품화해서 고소득을 올리는 농어민들도 많다. 산수유, 흑마늘 등을 주스처럼 음용하는 제품으로 개발해서 크게 성공한 천호식품 김영식 회장도 그런 과정을 거친 사람이다.

그는 여러 차례 사업에 실패했지만, 꾸준히 약용식품 개발에 매달려 "남자한테 참 좋은 건데……." 하는 산수유 광고로 큰 성공을 거두었다. 과정이 무척 힘들지만 무엇인가 꾸준한 연구와 개발로 특허를 획득하는 것도 자기만의 독자적인 길을 개척하는 것이다.

앞에서 지적한 것은 몇 가지 사례에 불과하다. 농어촌으로 돌아가면 반드시 성공할 수 있다는 얘기는 아니다. 될 수 있다면 남들을 따라가지 말고 남과 다른 길, 전혀 새로운 길을 가는 것이 성공할 가능성이 높다는 사실을 강조하는 것이다.

2014년, 노벨물리학상 수상자인 일본 나카무라 슈지는 "독창적, 창의력은 원래 비상식적이고 엉뚱하기 마련이다. 뒤집어 말하면 비상식적이므로 독창적이다. 비상식을 두려워해서는 안 된다."고 했다.

그러나 남 따라 가는데 익숙한 우리가 남다른 길, 비상식적으로 보이는 길을 가기는 아주 어렵다. 과감한 용기와 도전이 없으면 불가능하다. 그러면 과감한 도전, 용기는 어디에서 나올까? 바로 '독한 마음'이다. 운명은 충분히 바꿀 수 있다는 결연한 각오가 있어야 한다. 그것이 미지未知의 세계를 개척해 보겠다는 독한 마음이다.

독한 마음이 없으면 미지의 세계에 도전할 용기를 내지 못하고, 가까운 주변의 반대와 조롱 등에 흔들리기 쉽다. 우리는 가수가 되겠다, 연기자가 되겠다, 운동선수가 되겠다는 자신의 꿈이 부모나 어른의 끈질긴 반대에 시달렸지만 자신의 집념을 굽히지 않고, 고된 과정을 거친 끝에 마침내 성공한 일화들을 자주 듣는다. 그것이 바로 독한 마음이다.

　남과 다른 길을 가는 데 남들을 의식할 필요는 없다. 남들은 자기들과 같은 길을 가는 것을 상식으로 생각한다. 따라서 남들이 어떻게 생각할까 염려하면 그렇지 않아도 어려운 남다른 길을 나서기에 망설여지고 독한 마음도 없어진다.

　스스로 떳떳하다면 부끄러울 것이 없다. 실패를 두려워해서도 안 된다. 자주 얘기하지만 실패는 성공으로 가는 필수적인 과정일 뿐이다. 개척자, 선구자들은 모두 독한 마음을 가졌던 독종들이다.

지독한 각오가
잠재력을
끄집어낸다

누구에게나 자신도 모르는 잠재력이 있다. '잠재력潛在力'이란 겉으로 드러나지 않고 속에 숨어 있는 힘이다. 때문에 내면에 지닌 잠재력의 위력이나 그 크기가 어떠한지 자신도 모른다.

어떤 사람이 평소에 무게 50킬로그램을 들 수 있는데, 가령 집에 불이 났을 때 급한 나머지 자기도 모르게 70~80킬로그램 무게의 귀중한 물품을 집어 들고 나오는 경우가 있다고 하는데 그러한 힘이 바로 잠재력이다.

또 제대로 걷지도 못하는 사람이 다급한 상황에서 뛰어간다든지, 평소 10미터도 헤엄을 못 치는 사람이 어떤 위기의 순간에 수십 미터를 헤엄치는 것도 모두 잠재력이 발휘되기 때문이다.

물론 잠재력이 그러한 물리적인 힘Power만은 아니다. 남과 다른 독창적인 창의력을 발휘하는 것도 잠재력이며, 어려운 상황에서 기막힌 해결책을 찾아내 주변사람들을 놀라게 하는 것도 잠재력이다. 어떤 의미에서 남보다 뛰어난 리더십을 발휘하는 능력도 잠재력이다.

외국의 어느 인류학자는 "완전한 사람은 아무도 없다. 우리는 부족하기 때문에 성장할 수 있는 잠재력을 지니고 있다. 누구나 잠재력은 있다."고 했다.

따라서 자신의 내면에 숨어 있는 잠재력을 이끌어 낼 수 있다면 자신의 능력이나 역량이 놀랄 정도로 훨씬 더 커져, 뜻밖에 큰일을 해 내거나 어느 분야의 유능한 인재가 되고 자신이 원하는 성공과 성취를 쉽게 얻어낼 수 있을지 모른다.

자기의 내면에 숨어있는 놀라운 힘, 잠재력! 자신에게는 어떤 잠재력이 숨어 있을까? 우리는 과연 그것을 알아내고 의도적으로 이끌어낼 수 있을까? 전문가들은 충분히 가능한 일이라고 한다. 잠재력 개발과 관련된 국내외 서적들도 여럿이 있다. 참고하면 도움이 된다. 또 관련강좌나 교육과정들도 있다.

하지만 대부분 어린이의 지능과 능력개발, 적성 찾기 등을 위한 것들이 많다. 특히 예술이나 체능분야는 어린이들이 일찍이 타고난 재능을 찾아내 잠재력을 발휘할 수 있게 해 주면 큰 효과가 있다.

자신의 잠재력을 찾아내는 데 있어서 성인들의 경우는 어린이와 다르다. 어린이들은 부모의 양육과 보호를 받고 있어서 능력발휘는 백지상태나 다름없기 때문에 체계적인 과정을 통해 차츰 지능과 능력을 개발하기가 쉽다.

그러나 성인들은 어느 특정분야의 전문교육을 받는 대학과정을 마쳤고, 그것이 자신의 적성에 맞든 안 맞든 전공과 관련된 분야에서 일하고 있거나 전공과는 관련이 없더라도 생계를 위해 취업해서 일을 하는 경우가 많다. 말하자면 이미 자신의 능력, 역량, 기량 등을 활용한다.

아직 취업을 못 해 구직난에 허덕이는 젊은이들은 어디든 무슨 일이든, 취업만 된다면 당장 뛰어들어야 할 상황이다. 그런데 그들은 자신의 전공이나 적성을 떠나 대기업이나 공기업과 같이 임금이 높고 대우가 좋은 직장을 선호한다.

이러한 성인들이 뒤늦게 자신의 숨겨진 잠재력을 이끌어낼 겨를이 없을 뿐 아니라 자칫하면 다급한 현실을 외면한 별 의미 없는 환상일지도 모른다고 여긴다. 하지만 그것은 착각이다.

가수歌手로 불리기보다 소리꾼이라는 표현을 쓰는 장사익은 소리(노래)에 타고나 자질이 있었으며 주위에서도 소리꾼으로서 그의 잠재력을 인정했지만 생계에 쫓기며 수많은 각종 직업을 전전했다.

그러면서도 소리에 대한 미련을 못 버리다가 그의 잠재력을 확신한 몇몇 주변 인물들의 적극적인 지원으로 무척 늦은 나이인 45세에 전문소리꾼으로서 정식 데뷔했다. 그는 물 만난 물고기처럼 자신의 잠재력을 한껏 발휘하며 독특한 창법으로 가요계에서 확고한 위치를 구축하고 있다.

다행스럽게 현재 자기가 하는 일이나 직업에 만족하고 있다면 더 바랄 것이 없다. 하지만 자신의 일, 직업에 의욕이 없어서 생계를 위해 억지로 하루하루 이어가고 있다면 어떤 방향으로든 변화가 있어야 한다.

또한 자신의 일이나 직업이 적성, 성격에 도저히 맞지 않을 때, 열심히 해 보려고 해도 좀처럼 능력발휘가 안 돼 인정을 받지 못한다면 역시 변화가 필요하다.

자신을 변화시키겠다고 결심하면 그 방법은 나름대로 여러 가지가 있다. 그 가운데 가장 효과적이고 발전적인 방법이 바로 자신의 잠재력을 개발하는 것이다.

죽을 때까지 자신에게 숨은 잠재력을 불과 5%도 못 쓴다고 주장하는 학자들이 있다. 자신의 잠재력이 그만큼 무한하다고 볼 수 있다. 하지만 그것은 또 그만큼 자신에게 어떠한 잠재력이 있으며 그 잠재력을 찾아내기가 어렵다는 반증이다.

어떻게 보면 자신의 숨겨진 잠재력을 이끌어내는 것은 심마니가 낯선 첩첩산중에서 산삼을 찾아내는 것처럼 힘든 일이다. 따라서 자신의 잠재력을 개발하려면 반드시 찾아내겠다는 굳은 의지와 함께 그 성공과 실패에 자신의 인생을 거는 독한 각오가 있어야만 성취할 수 있다.

다시 말하면 잠재력 찾기는 자신과의 치열한 싸움이다. 잠재력 발휘에 성공하기만 한다면 인생에 획기적인 변화와 발전을 이룩할 수도 있기 때문에, 일단 결심이 섰다면 필사적인 노력이 뒤따라야 한다. 독한 마음이 없으면 불가능한 일이다.

솔직히 숨겨진 잠재력을 찾아내는 노하우는 없다. 조금 쉽게 말하면 잠재력은 자신의 적성과 직접적인 관련이 있다. 자신의 적성을 찾아낸다면 잠재력은 저절로 발휘된다. 잠재력을 개발한다기보다 자신의 적성을 알아내겠다면 구체성이 있어서 접근이 쉬울 것이다

적성適性이란 어떤 일에 알맞은 성질이나 적응능력 또는 그와 같은 소질이나 성격을 말한다.

잠재력은 바로 그러한 적성에 근거한다. 초등학교 학생이 공부는 안 하고 바둑을 좋아해서 부모가 바둑판을 없애버리기도 했지만 마침내 바둑 프로기사가 된다면 그 아이는 바둑이 자신의 적성에

맞았던 것이다. 컴퓨터 게임에만 매달려 공부에 소홀해 부모의 속을 썩이던 중학생이 훗날 프로게이머가 되어 성공했다면 컴퓨터 게임이 적성에 맞았던 것이다.

그런데 아무리 여러 번 적성검사를 해 보아도 애매모호할 경우도 적지 않다. 현재 7세 어린이는 장차 약 75%가 지금까지 없었던 직업에 종사할 것이라는 예측도 있다. 과연 적성이 무슨 의미가 있을까 회의감마저 들게 한다.

성인이 되어 여러 직업을 거쳤거나 어떤 전문성을 갖게 되었다면 또는 자신의 의사와 관계없이 직장에서 주어진 일을 지속적으로 해왔다면 그러한 일이 체질화되어 적성이 무의미할 경우도 있다. 그럴 경우, 진짜 적성을 찾아내기는 더욱 어렵다. 그렇더라도, 자신의 진짜 적성을 찾아내 잠재력을 발휘할 수 있다면 충분히 그만한 보람을 얻을 수 있다.

성인이 뒤늦게 자신의 적성을 찾아내려면 그동안의 경험에서 얻은 자기 판단으로 몇 가지 자신이 좋아하는 것, 꼭 해 보고 싶은 것들을 간추려 내야 한다.

그 다음 그것들에 대한 전문지식을 직간접적으로 습득해야 한다. 관련된 책이나 자료들을 다양하게 섭렵하고 가능하다면 직접 현장에서 체험을 통해 과연 그것이 자신의 적성에 맞는지 냉정하게 평가해야 한다. 장차 경제적 소득을 먼저 생각한다면 냉정성을 잃을 수 있다.

그러한 과정이 무척 오랠 수도 있고 끈질긴 노력에도 좀처럼 찾아내지 못할 수도 있다. 초조하거나 서둘러서는 안 된다. 자신이 하고 싶은 것의 품위, 품격, 가치, 수준, 장래성 등을 따질 필요가 없다.

어떤 특정한 음식 만들기든, 술맛을 감별하는 것이든, 자기가 좋아하고, 하고 싶은 것이라면 무엇이라도 상관없다. 어떤 분야라도 자신이 그것을 좋아해서 그 분야의 전문가, 달인이 된다면 얼마든지 인생역전이 가능하다.

끈기 있고 독한 각오로 자신의 적성에 맞는다고 판단되는 한 가지를 찾아내야 한다. 그 다음에는 오로지 그것에만 매달려야 한다. 무엇이든 그것에 1만 시간만 매달리면 전문가가 될 수 있다고 하지 않는가. 매달리면 매달릴수록 잠재력이 발휘되기 때문이다.

학자와 전문가들은 누구에게나 자기가 남보다 잘하는 것이 있다고 말한다. 누구나 특정분야에서는 천재가 될 수 있다고 말한다. 천재란 다른 사람보다 자신의 숨겨진 잠재력을 많이 이끌어낸 사람을 말한다. 조금 달라붙었다가 '안 되겠다.'는 생각을 하면 실패한다.

'이것이 바로 내가 할 일이다.'라는 독한 각오가 있어야 마침내 잠재력을 이끌어낼 수 있다. 잠재력을 이끌어내지 못하더라도, 자신의 약점을 장점으로 바꾸어놓기만 하더라도 잠재력이 작용한 것이다. 가령 평소 음치라고 놀림 받던 사람이 집요한 노력과 독한 각오로 노래 부르기에 매달려 마침내 노래를 잘 부르게 되었다면 그것도 잠재력 개발에 성과를 거둔 것이다.

PART 4

두려움을 낯설기보다 익숙하게 받아들인다

두려운 것은 낯선 것이 아니라 익숙한 것이다

'**편안하다**'**는 것은** 편하고 걱정 없이 좋다는 말이다. 갖가지 걱정에 쫓기면서 고달프게 사는 것보다 조금이라도 편하게 살았으면 하는 심정은 누구나 마찬가지다. 어떤 구속도 없이 자유롭고, 내 마음대로 하면서 잘 살 수 있다면 얼마나 좋겠는가.

우리는 자신의 의지와 상관없이 쫓기며 사는지도 모른다. 유치원에 들어가기도 전부터 각종 예능, 영어조기교육 등을 시작해야 하고, 초등학생이 되면 학교 공교육은 말할 것도 없고 매일같이 온갖 학원을 순례해야 한다.

중학생만 되더라도 치열한 학업경쟁이 펼쳐진다. 좋은 대학에 진학하려는 것이다. 중고등학생들은 숨 쉴 틈도 없이 입시교육에 쫓긴다. 자아실현이나 자기계발은 꿈도 못 꾼다. 공부 이 외에 다른 짓을 하다가는 학업성적이나 내신이 크게 뒤처지고 만다.

대학에 진학해도 크게 달라지지 않는다. 경제난이 심각한 상황에서 엄청난 등록금을 마련하기 위해 쉴 새 없이 갖가지 알바에 쫓겨야 하고, 일찍부터 취업준비를 서둘러야 한다.

그렇게 쫓기며 살아도 학자금 대출을 안게 되고 대학을 졸업해 봤자 취업은 하늘의 별따기다. 일자리를 얻는 데 도대체 얼마나 많은 이력서를 써야 하고, 얼마나 긴 세월이 걸릴지 가늠하기도 어렵다.

운 좋게 취업이 되어도 쫓기기는 마찬가지다. 경제침체로 기업들이 경영난에 시달리면서 출퇴근시간도 없이 자기를 희생하여 업무에 매달려야 한다. 그래도 언제 갑자기 구조조정으로 직장에서 쫓겨날지 모른다. 청춘이 그렇게 시들어간다. 아무런 스트레스도 없이 하루라도 편안하게 살았으면 하는 것이 간절한 소망이 된다.

그러한 쫓기는 삶이 일상화되면 자신의 현실에 무감각해 진다. 그냥 그렇게 남들처럼 쫓기며 사는 것이 당연하게 받아들여지고 오히려 편안함이 느껴진다. 어찌 보면 의욕상실이고, 체념이다. 체념하면 오히려 편안할 수 있다.

그래서 심리학자들은 "대부분의 사람들은 미지의 행복보다 익숙한 불행을 선택한다."고 말한다. 그리하면 자기발전과 긍정적, 생산적 변화는 기대하기 어렵다. 그저 현실에 안주할 뿐이다.

누구보다 큰 꿈을 키워가야 할 청소년들 가운데 의외로 꿈이 없다는 청소년들이 많다. 자신이 바라는 진짜 꿈보다는 현실적이고 실질적인 안정을 추구한다. 청소년들이 꿈이 없다면 미래도 암울하다. 안정추구란 편안함과 주어진 현실에 만족하겠다는 것이다.

긴장하고 불편해야 자신이 원하는 것을 얻는다

청소년뿐 아니라 젊은이들까지 안정과 편안함을 추구한다면 보다 나은 미래를 기대하기 어렵다. 현실에서 더 이상 앞으로 나아가기 힘들다. 젊은이들에게는 꿈이 있어야 하고, 끊임없이 자신을 변화시킬 수 있어야 한다. 그래야 사회도 발전하고 자신도 앞으로 나아갈 수 있다.

그러자면 편안함을 버리고 스스로 불편함을 즐길 수 있어야 한다. 바꾸어 말하면 독해져야 하고 독하게 살아야 한다. 꿈과 목표가 있는 젊은이들이라면 더욱 그렇다. 독하다는 것은 자기에게 냉혹한 것, 자신을 스스로 학대하는 것이라고 말했다.

독한 것은 편안한 것과 서로 대치된다. 독하게 살려면 몹시 불편할 수 있다. 그러한 불편을 감수해야 자신의 원하는 것을 얻는다. 아니, 오히려 불편을 즐겨야 원하는 것을 더욱 빨리 얻는다.

혹독한 추위와 더없이 열악한 환경의 북극 가까운 한대寒帶지역과 열대지역인 아프리카. 두 지역만 놓고 비교했을 때 어느 곳의 원주민들이 더 잘살까? 평균적으로 에스키모와 같은 한대지역 원주민들이 더 잘산다. 왜 그럴까?

그들은 영하 40도가 넘어서는 혹독한 추위와 먹거리가 부족한 열악한 환경에서 살아남기 위해 역경과 불편함을 감수하며 살아간다. 그런 모진 환경에서도 순록을 키우고 꽁꽁 얼어붙은 바다에 나가 물개를 사냥하는 등 생존기술을 습득하여 현대인의 생활을 영위해 나간다.

하지만 열대지역 아프리카는 어떤가? 환경이 인간의 생활에 이상적이라고는 할 수 없지만 무엇보다 먹거리가 풍부하다. 동식물을 잘 자라나게 해 주는 더운 날씨로 각종 열매와 사냥감, 물고기 등이 풍부해서 손쉽게 먹거리를 구할 수 있다.

그에 따라 아프리카 원주민들은 별다른 불편을 느끼지 못하면서 편안하게 살아왔다. 배가 고프면 남자들은 서로 협동해서 사냥하거나 물고기를 잡고, 여자들은 열매를 따서 끼니를 때우면 그만이었다. 별다른 불편이 없었다. 여유 있는 시간에는 현실에 만족하며 함께 어울려 춤추고 노래했다.

어쩌면 그것으로 스스로는 행복할 수도 있다. 하지만 편안함 때문에 그들은 오래도록 아무것도 변화시키고 이룩한 것이 없다. 그 때문에 아프리카 오지에는 오늘날까지도 미개부족, 원시부족이 옛날 그대로 남아 있다.

모두 그런 것은 아니지만 우리나라 재벌 2세들이나 부잣집 자녀들이 방탕한 생활을 해서 지탄받는 경우가 많다. 부모 덕분에 불편을 느끼지 않고 쾌락에 빠진다. 그러다가 부모의 후계자가 되거나 거액의 유산을 물려받으면 기업 경영을 망쳐놓기 일쑤이고 남긴 재산까지 탕진한다. 편안하게 자라난 습성으로 불편한 것을 회피하다가 파탄한다.

외국의 백만장자들은 자녀가 18세가 되면 독립을 시키고, 자신의 생활비, 용돈 등을 스스로 벌게 한다. 땀 흘리는 노동의 가치와 불편을 체험케 한다. 또한 백만장자들 대부분은 재산을 자녀에게 물려주지 않고 사회에 환원한다. 자녀들에게는 최소한의 지원을 해주고 불편을 견뎌내면서 자수성가하라는 것이다.

지금은 남들과의 치열한 경쟁에서 승리해야 살아남을 수 있는 세상이다. 경쟁에서 낙오하면 루저가 되고 만다. 경쟁이 치열할수록 승자와 패자의 격차가 벌어져 양극화되고 불평등한 사회가 된다. 그와 함께 온갖 피로가 쌓여 피로사회가 된다. 지칠 대로 지친

많은 사람들은 안락하고 편안하게 살고 싶어 한다. 그럴수록 경쟁에서 더욱 뒤처지고 낙오할 수밖에 없다.

마라톤선수가 40킬로미터가 넘는 코스를 달리다보면 더 지쳐서 잠시라도 달리기를 멈추고 물도 마시면서 쉬고 싶은 마음이 간절해지지만 그럴수록 다른 선수들에게 뒤떨어지는 것과 같다.

우리 환경과 여건이 그렇다면, 그에 맞추고 적응하며 경쟁할 수밖에 없다. 먼저 자꾸 편안하게 살고 싶어지는 자신과의 싸움에서 이겨야 남들과의 경쟁에서도 이길 수 있다.

경쟁은 남들과의 다툼이며 긴장의 연속이다. 다투고 긴장한다는 것은 불편하다. 자신을 변화시키고 경쟁에서 이기려면 스스로 불편을 감수하는 독한 각오가 있어야 한다. 불편을 피할 수 없다면 차라리 불편을 즐길 수 있어야 한다.

독일의 철학자 니체는 "새로운 나로 변신하려면 기존의 나를 완전히 버려야 한다. 자기 자신을 스스로 완전히 태워 재가 되어야 거듭 날 수 있다."고 했다.

또 누군가는 "두려운 것은 낯선 것이 아니라 익숙한 것이다."라고 했다. 자기 자신을 변화시켜 새롭고 비약적인 발전을 도모하려면 자신에게 익숙한 사고방식, 관습, 관행 등을 과감하게 버려야 한다. 그것은 무척 불편한 일이다. 그러나 긴장하고 불편해야 마침내 자신이 원하는 것을 얻을 수 있다.

'독한 마음'을 방해하는 것들

아무리 마음을 독하게 먹어도 그것을 견지하지 못하게 하는 방해요소들이 있다. 그것은 바로 사랑과 결혼이다. 사랑이나 결혼은 일방적인 것이 아니라 상대가 있다. 내가 아무리 지독하게 대시해도 상대방이 받아주지 않으면 뜻을 이룰 수 없다.

자기 혼자 독하게 덤벼들면 들수록 오히려 더욱 뜻을 이루기가 어려워지고 자칫하면 자신이 파멸될 수도 있다. '열 번 찍어 안 넘어가는 나무 없다.'는 말은 옛말일 뿐이다. 요즘은 남녀를 가릴 것 없이 자기 의사와 주관이 분명하다. 싫다는 사람에게 아무리 지독하게 덤벼들어 봤자 사태만 더 악화된다.

일방적인 스토킹은 그것이 지독할수록 상대방에게 큰 피해를 주고 더한층 강한 거부감을 갖게 한다. 어쩌다 남녀가 서로 마음이 맞아 사랑하다가도 대개는 신중한 여자 쪽에서 먼저 헤어지려고 하는 경우가 많다.

남자가 여자의 이별요구를 수용하지 못하고 집요하게 괴롭히며 이른바 '이별범죄'를 저질렀다가는 완전히 파멸한다. 젊은이들에게 이성교제는 빼놓을 수 없는 최대의 관심사다. 하지만 사랑은 이성과의 합의를 전제로 한다. 독한 마음을 갖고 일방적으로 밀어붙인다고 해서 성취할 수 있는 것은 아니다.

독한 마음가짐을 방해하는 가장 보편적인 장애물은 '돈'이다. 황금만능주의가 팽배한 현실에서 돈은 절대적인 가치가 되고 행복의 척도가 되는지도 모른다. 오죽하면 국제사회에서도 '돈 걱정 증후군'Money Sickness Syndrome이라는 용어까지 등장했겠는가.

아무런 돈 걱정 없이 살아가는 사람은 드물다. 돈은 없어도 걱정, 있어도 걱정, 너무 많아도 걱정이다. 그래서 돈 걱정 증후군이다. 그 가운데서도 돈이 없는 걱정이 가장 큰 고통을 준다.

돈이 없으면 사람대접을 못 받고 사람구실도 하기 어려울 때가 있다. 돈이 없어서 당장 생계를 위협받는다면 자기 발전을 위해 독한 각오로 끈질기게 추구하는 목표는 어쩔 수 없이 뒤로 밀린다. 먹고 살고 움직여야 하는 생계유지가 먼저다.

그리하여 돈벌이에 쫓기다 보면 독한 각오는 차츰 사라지고 만다. 의외로 돈벌이가 잘되면 그 일에 더욱 빠져든다. 그러면서 결국 그 돈벌이가 자신의 전부가 되어 다른 생각을 접어버린다. 또한 돈벌이가 제대로 안 되면 좌절감에 빠져 자신을 힘들게 하는 사회에 불만을 품고 분노한다. 독한 마음은 사라지고 그 자리에 사회적 불만과 분노가 들어선다.

이 밖에도 무엇인가 단단히 결심하려는 독한 마음을 방해하는 여러 요소들이 있겠지만, 애정문제와 경제적(돈) 문제가 가장 큰 방해요소라고 할 수 있다. 그에 대한 대책은 없을까?

우선 애정문제는 독한 마음과 각오의 대상이 아니다. 독한 마음은 자신의 이성적인 결단이지만 애정문제는 감정적인 문제다. 서로 전혀 성질이 다르다. 따라서 순서를 결정할 필요가 있다. 특히 미혼의 젊은이들이 그에 해당된다.

자신의 독한 각오를 추진해 가는 데 배우자 도움이 필요하다면 애정문제에 온힘을 기울여 마땅한 배우자를 만나는 것이 중요하다. 그 다음에 서로 독한 마음을 합쳐 함께 추진해 나간다면 훨씬 빠르게 긍정적인 성과를 얻어낸다.

하지만 자기혁신과 발전이 우선이라면 애정문제는 어쩔 수 없이 뒤로 미뤄야 한다. 두 가지를 한꺼번에 다하려면 죽도 밥도 되지 않는다. 과감하게 애정문제는 포기하고 추진하는 목표에 매진해야 한다. 그리하여 자신이 원하는 어떤 성과를 얻는다면 그것으로 충분히 만족할 수 있다. 뿐만 아니라 어떤 가시적인 성과를 얻어 자신의 환경이 달라지면 애정문제는 저절로 해결되는 경우가 많다.

그 다음 금전적인 문제는 특별한 대책이 없다. 끼니를 걱정해야 하고, 돈이 없어 교통비, 통신비조차 감당하지 못하면 도저히 움직일 수가 없다. 관리비가 밀려 전기, 수도마저 끊기는 실정에서 무슨 독한 마음과 각오를 다질 수 있겠는가.

그러한 상황에 부딪치기 전에 결단이 있어야 한다. 자신의 금전적인 문제는 갑작스런 것이 아니다. 부모의 경제적 사정에 따라 성장과정과 학생시절부터 우여곡절을 겪었을 것이며, 취업여부와 현재 하는 일에 따라 스스로 경제적 사정과 현실을 잘 알고 있을 것이다.

그에 따라 독한 각오로 추진할 목표가 달라진다. 부모의 경제적 지원을 받을 수 있거나 수입이 보장된 직업이 있다면, 보다 큰 목표를 세우고 독하게 밀고나갈 수 있다. '자기 머리 크기보다 한 칫수 큰 모자를 써라.' 하는 격언이 있다. 자신을 비약적으로 발전시킬 수 있는 좀 더 큰 목표를 세우고 독한 마음으로 끈질기게 밀고 나가면 된다.

하지만 부모의 경제사정은 전혀 기대할 수 없고, 취업조차 못 하고 있다면 우선적으로 돈 벌기에 집중할 수밖에 없다. 그것 역시 독한 각오가 필요하다. 직업의 귀천을 따질 일이 아니다. 무엇이든 돈이 될 수 있는 일에 모든 노력과 온힘을 쏟아야 한다.

다시 말하면 돈 벌기는 독한 각오로 추진해야 할 목표가 될 수 있다. 그렇다고 해서, 수단과 방법을 가리지 않고 불법, 탈법, 부정행위를 하라는 건 아니다. 나의 이득을 위해 남에게 피해를 입혀서도 안 되고 부당한 투기를 해서도 안 된다. 정당하게 벌어야 한다. 자신의 노동력으로 부족하다면 남과 다른 아이디어, 창의력을 발휘해야 한다.

또 하나 유의해야 할 것이 있다. 돈 버는 목표에는 한계가 없다는 것이다. 1억을 벌면 5억을 벌고 싶고, 5억을 벌면 10억, 20억……. 끝없는 탐욕에 빠지는 것이 인간의 속성이다. 돈에 집착해서 노예가 되어서는 안 된다. 돈을 벌어 어느 정도 여유가 생기면 쾌락을 추구하게 되는 것도 인간의 속성이다. 그러한 온갖 유혹에서 벗어나지 못하면 애써 모은 재산을 순식간에 탕진하게 된다는 것도 잊지 말아야 한다.

열등감에는
두 얼굴의
양면성이 있다

열등감劣等感**이란** 자신을 남보다 못하다거나 부족한 인간으로 스스로 낮춰 평가하는 감정이라고 본다. 자신의 능력이 남보다 부족하다고 여겨지거나 외모가 남보다 뒤떨어지고 신체적으로 부족함이 좀 있어도 열등감을 갖는다. 특히 젊은 여성들은 작은 눈, 납작한 코, 작은 가슴, 사각턱, 비만 등도 열등감을 갖고 앞 다투어 성형도 한다.

완전한 사람은 없다. 누구나 한두 가지 열등감은 있다. 그래서 열등감은 우리의 근본적인 콤플렉스의 하나가 된다. 어찌 되었든 스스로 열등감을 가지면 무의식적으로 자신을 부정하게 되고, 생각과 행동이 위축된다.

뿐만 아니라 생각과 행동이 이성적이지 못하고 합리성을 잃게 되는 경우가 많다. 스스로 열등의식에 빠져 '나는 안 돼.', '나는 못 해.'와 같이 자신을 폄하하고, 실패라는 불안심리에 사로잡혀 아예 포기하는 경우가 많다.

더욱 심각한 것은 자신의 어떤 열등감이 콤플렉스로 자리 잡고 있기 때문에 남들에게 조롱당하면 순간적으로 감정이 폭발해서 비이성적인 분노를 표출한다는 것이다. 약점에 대한 자격지심이 강해서 자칫 감정조절을 못하고 엉뚱한 행동을 저지른다.

열등감이 심하면 대인관계에서 당당하지 못하고, 생각과 행동이 위축되어 자기가 하는 일, 자기가 꼭 할 일, 자신을 위한 어떤 목표를 원만하게 추진하기 어렵다. 따라서 열등감은 자신을 떳떳하게 하고 비이성적인 돌출행동을 제어하기 위해 반드시 극복해야 할 불안심리이며 부정적인 감정이다.

열등감은 자신의 노력으로 치유와 극복이 가능하다. 하지만 그것 또한 반드시 열등감에서 벗어나겠다는 강한 의지와 독한 마음이 있어야 가능하다. 아니, 별다른 열등감이 없는 사람보다 몇 배 더 독한 각오를 해야 한다.

열등감 극복의 첫 번째 열쇠는 '자기애'와 '자신에 대한 격려'다.

'자기애_{自己愛}'는 자신에게 애착심을 갖는 것이다. 누가 뭐래도 자신은 이 세상의 중심이며 주인공이다. 자기를 사랑하며 자신에게 의미를 부여해야 한다.

일반적인 사람들은 자기가 생각하는 것보다 잘 생겼고, 자기가 평가하는 것보다 훨씬 뛰어난 능력을 지니고 있다고 한다. 자기 내면에 자리 잡은 어떤 콤플렉스 때문에 자기도 모르게 열등감을 갖고 자신을 스스로 폄하한다고 심리학자들은 말한다.

자신에게 어떤 콤플렉스가 있다고 해서 위축될 필요는 없다. 먼저 열등감을 갖게 하는 콤플렉스가 무엇인지 정확하게 파악해야 한다. 그 다음, 콤플렉스를 애써 감추려고 하지 말고 그것을 있는 그대로 인정해야 한다.

굳이 변명할 필요도 없다. 완벽한 내가 아니라, 있는 그대로의 자신을 추구해 나가야 한다. 나에게만 콤플렉스가 있는 것이 아니라 누구나 나름대로의 콤플렉스가 있다고 생각하라.

열등의식이 나를 키웠다

어느 학생이 수학을 못 해서 열등감을 느낄 수 있다. 하지만 그 학생이 국어를 남들보다 잘한다면 국어에 열등감을 가진 학생들은 그 학생을 부러워할 것이다. 콤플렉스가 있더라도 자기가 남들보다 잘 할 수 있는 것에 자신감을 가지면 콤플렉스가 감춰진다. 그것이 자기애다.

키가 작은 것이 콤플렉스라면 이를 악물고 자신의 능력이나 기량을 키워야 한다. 말을 아주 잘한다거나 노래를 잘한다거나 남다른 특기가 있어도 키가 작다고 놀림 받지 않는다. 자신의 장점이 콤플렉스를 희석시키기 때문이다.

독한 각오로 자신을 격려하며 잘할 수 있는 것을 키워나가야 한다. 그리하여 장점을 만들고 스스로 자신감을 갖는 것이 중요하다. 자주 얘기하지만 누구나 자신이 남보다 잘하는 것이 있기 마련이다.

어느 젊은 여성이 자신의 작은 눈이나 낮은 코에 콤플렉스가 있다면 성형을 하는 방법도 있겠지만, 그것을 스스로 인정하고 자신 있게 남다른 특성, 장점을 개발한다면 콤플렉스는 자기만의 매력이 될 수도 있다. 그만한 자신감만 있다면 열등감은 자취를 감추고 콤플렉스는 아무런 문제가 되지 않는다.

사람은 누구나 어떤 책임을 가지고 태어난다는 말이 있다. 그 책임을 다하기 전에는 죽지 않는다는 것이다. 그냥 허튼 소리 같지만 자신감과 용기를 주는 말이다.

태어날 때부터 어떤 책임을 부여받았다는 마음가짐으로 목표를 독하게 밀고 나간다면 열등감이 고개를 들지 못하고 콤플렉스도 사라진다. 끊임없는 자기 자신에 대한 격려가 필요하다.

그런데 열등감과 관련해서 한 가지 더 짚고 넘어갈 것이 있다. 바로 열등감의 양면성이다. 앞에서 열등감 극복에 대해 설명했지만, 자신이 스스로 열등감을 만들어 내고 그것을 활용할 수도 있다.

특히 자신의 역량과 관련해서 그러하다. 사실 역량이나 기량에는 한계가 없다. 세계적인 첼로의 거장이었던 스페인의 파블로 카잘스는 90세가 넘어서도 하루도 빠짐없이 몇 시간씩 연습을 했다.

이미 세계 최고 기량을 가졌던 그가 왜 그처럼 지독하게 연습했을까? 그 까닭을 기자들이 묻자 "하루라도 연습을 안 하면 내가 알고, 이틀을 연습 안 하면 당신이 알고, 사흘을 연습 안 하면 관객이 안다."고 했다. 기량은 그만큼 예민하고 변화가 극심하다.

자신의 기량이 정상에 오르거나 기대할 만한 수준에 올랐을 때 그것에 만족하며 자만에 빠지면 더 이상 기량이 향상되지 못할 뿐 아니라 다른 경쟁자들에게 뒤처진다. 항상 부족하다는 겸손한 마음으로 끊임없이 기량을 닦아 나갈 수 있다.

독일의 세계적인 소프라노 성악가였던 프리다 헴펠은 이런 말을 남겼다.

"열등의식이 나를 키웠다. 나는 열등의식을 가지고 있었고 끊임없이 분발했다. 그리고 나는 분발이 필요했기 때문에 나 자신이 그다지 중요하지 않은 사람으로 여겼다. 다른 성악가들도 스스로를 그렇게 여긴다는 것을 나는 몰랐다."

그녀는 세계적인 성악가였지만 아직 많이 부족하다는 열등의식을 갖고 끊임없이 분발했다는 것이다. 그리고 다른 성악가들도 자신과 같은 열등의식을 갖고 있다는 것을 뒤늦게 알았다는 얘기다.

기량이나 역량을 다투는 사람들은 세계정상에 올랐어도 자신은 아직 부족하다는 열등감을 가져야 수준을 유지하고 능력을 향상시킬 수 있다.

어느 분야에서든 자랑할 만한 수준이나 위치에 오르면 그때까지 견지해 온 독한 각오가 사라지고 자만심에 빠지기 쉽다. 그래서 성공한 사람이 그것에 만족하며 오만에 빠지면 더 이상 발전하지 못하고 오히려 실패할 수 있다.

어떤 수준에 있더라도 항상 많이 부족하고 갈 길이 멀다는 열등의식을 가져야 꾸준한 향상을 이어갈 수 있다. 그럴 때, 자신이 만들어낸 열등감은 긍정적인 원동력이 된다. 자신은 아직 많이 부족하다는 열등의식은 자기낮춤이며 겸손이다.

항상 자신을 낮추고 겸손한 마음을 가져야 더욱 호기심을 키우며 분발할 수 있다. '분발奮發'은 곧 독한 각오다. 카잘스는 "인간은 호기심을 잃는 순간 늙는다."라고도 했다. 자신이 추구하는 것에 스스로 호기심을 갖지 않으면 늙는다. 늙는다는 것은 뒤떨어지고 남에게 밀리고 만다는 뜻이다.

스마트폰을 헌신짝처럼 버려본다

지하철을 타고가다 보면 맞은편에 앉은 승객 전원이 스마트폰을 들여다보고 있다. 양 옆의 승객도 역시 스마트폰을 들여다보고 있다. 아니, 어떻게 저 많은 승객들이 일제히 스마트폰을 들여다보고 있지?

지하철뿐이 아니다. 출퇴근 시간의 시내버스 등에서도 몇몇 자는 사람을 빼놓고는 거의 모두가 스마트폰에 몰입해 있다. 과연 스마트폰이 없었다면 무엇을 하고 있었을까. 행여 책이라도 읽는 사람이 있었을까.

우리는 문명의 이기들과 더불어 살고 있다. 스마트폰도 빼어난 문명의 이기利器 가운데 하나다. 얼마나 편리한 기계인가. 온 세상 모든 정보와 지식을 내 손 안에 쥐고 타인과의 소통은 물론이고 원하는 것은 무엇이든 얻어낼 수 있지 않은가. 그것도 어디든지 마음대로 움직이면서도 가능하지 않은가.

우리나라 휴대폰 보급률은 총인구수와 거의 맞먹는다. 초등학교 저학년부터 휴대폰을 다룰 줄 아는 국민 모두가 휴대폰을 가지고 있다는 얘기다. 그 가운데 피처폰을 제외한 스마트폰 보급률은 지난해(2015) 3월 기준, 약 83%로 세계 4위다. 1위 아랍에미리트, 2위 싱가포르, 3위 사우디아라비아 순서인데, 그들 국가의 인구는 우리와 비교가 되지 않을 정도로 적다.

세계 제일의 정보통신업체인 '구글Google'은 한국은 스마트폰의 천국이라고 추켜세우며 앱Aapplication 설치수가 평균 57개로 세계에서 가장 많은 앱을 설치한 국가라고 소개했다.

특히 우리나라 20대의 스마트폰 보급률은 무려 97.2%나 된다. 그와 함께 모바일 보급률도 99.8%로, 20~30대 거의 스마트폰과 모바일을 이용하는 셈이다. 또한 어느 조사에 의하면 이들의 모바일 이용시간은 하루 평균 3시간 44분으로 잠자는 시간을 빼놓고 하루 일과 중 약 22%나 된다.

하지만 우리가 실제로 체감하는 젊은이들의 스마트폰 이용시간은 그보다 훨씬 길다. 그들은 잠자는 시간을 빼놓고 모든 시간을 스마트폰에 매달려 있는 것 같다. 길을 걸으면서도, 지하철이나 버스 안에서도, 직장에서의 일과시간, 학생들은 수업시간에도 요령껏 스마트폰을 본다. 식사를 하면서도 스마트폰을 보는가 하면 잠들 때까지 손에서 놓지 않는다.

학생이나 젊은이들 가운데 일부는 어쩌다 스마트폰과 잠시라도 떨어지면 아무것도 못하고 쩔쩔맨다고 한다. 그야말로 '스마트폰 중독' 현상이다.

우리나라 10세~19세 청소년의 스마트폰 사용률은 2014년 통계로 무려 89.8%나 된다. 2011년 19.2%에서 폭발적으로 늘어나고 있다. 청소년 열 명 가운데 아홉 명이 스마트폰을 사용한다는 통계다. 그런데 미래창조과학부의 통계에 따르면 2014년 기준으로 청소년의 스마트폰 중독율이 29.2%나 되는 것으로 나타났다. 열 명 가운데 세 명은 스마트폰 중독현상을 겪고 있다는 얘기다.

성장기의 청소년들이 스마트폰에 중독되면 여러 가지 부작용과 후유증에 시달리게 된다. 시력저하는 말할 것도 없고, 기억력이 떨어지는가 하면, 목디스크, 척추측만증 등 신체 불균형을 초래하고 키가 제대로 자라지 못한다.

또한 잠들기 직전에 사용함으로써 수면장애를 겪고 게임중독이나 음란물과 같은 유해콘텐츠에도 노출되기 쉽다. 문명의 이기는 순기능과 함께 역기능도 있다는 사실을 알아야 한다.

스마트폰에 몰입하면 청소년뿐 아니라, 젊은 세대들에게도 갖가지 부작용과 후유증이 나타난다. 청소년과 다름없이 각종 신체장애를 겪는 것은 당연하고 연인이나 친구와 밤늦도록 수없이 문자를 주고받느라고 수면부족에 시달린다.

　게임중독에 빠지면 아침 일찍 직장에 출근해야 하는데도 밤을 시새우기 일쑤다. 억지로 출근해 봤자 정신이 산만해져 업무에 집중력이 크게 떨어진다. 우리의 스마트폰, 모바일 기기의 평균 사용기간은 약 1년 2개월이다. 다른 나라의 평균 사용기간 3년과 비교하면 빠르다. 새로운 기능이 장착되고 향상된 신제품들이 출시될 때마다 신제품으로 교체하는 젊은이들이 많다. 그에 따라 경제적 부담도 상당하다.

　그러나 스마트폰에 매몰된 젊은이들에게 무엇보다 큰 부작용은 긴 사용시간에서 오는 만성피로와 집중력 저하라고 할 수 있다. 온몸에 피로가 쌓이면 활동력이 크게 떨어져 아무것도 하기 싫어진다. 집중력 저하는 치명적이다.

　요즘은 직장업무에 온몸을 던져도 언제 정리 해고될지 모른다. 업무능력이 떨어지는 저성과자는 사용자가 언제든지 해고할 수 있도록 노동현장에서 근로기준법에 변화가 생기기도 했다.

　근무시간에 자꾸 졸거나 스마트폰을 열심히 들여다보고, 업무수행능력이 떨어지는 직원을 사용자가 언제까지나 그냥 내버려둘 리 없다. 독한 각오로 자기변화와 혁신을 도모하는 젊은이들, 지금까지 지속해 온 직종을 바꾸어 인생 2모작을 꿈꾸는 사람들, 무엇인가 자기 목표를 독하게 추구해 온 사람이 스마트폰에 매몰되면 독한 각오가 갈수록 무너질 수밖에 없다.

스마트폰은 우리가 생활에서 절대 빼놓을 수 없는 필수품이다. 더욱이 혼자 사는 젊은이, 은둔생활을 하는 젊은이들이 늘어나는 실정에서 그들은 스마트폰을 통해 외부와 소통하고, 거침없이 자기주장을 펴며 스트레스를 해소하고, 필요한 정보와 지식을 얻는다.

누가 뭐래도 젊은이들에게는 스마트폰이 없어서는 안 된다. 그들은 하루라도 스마트폰이 없으면 너무 불편해서 견디지 못한다. 요즘은 40대, 50대들까지 스마트폰을 애용한다.

그러나 자기혁신을 도모하는 젊은이가 스마트폰에 중독되었다면 말할 것도 없고, 아직 중독에 이르지 않았더라도 당장 스마트폰을 버려야 한다. 물론 스마트폰을 버리라고 해서 쓰레기통에 던져버리거나 해지하라는 얘기는 아니다. 자신의 목표를 이루려면 스마트폰을 손에서 내려놓고 되도록 멀리해야 된다는 얘기다.

스마트폰을 통해서 얻을 수 있는 정보나 지식은 깊이가 없고 파편적일 뿐이다. 자신에게 꼭 필요한 정보나 지식을 제대로 습득하는 데는 별 도움이 되지 못한다.

각종 게임이나 영상 등 대부분의 수많은 기능들은 없어서는 안 될 만큼 꼭 필요한 것이 드물다. 호기심을 충족시켜주는 시간 죽이기 대부분이다. 여성들은 스마트폰을 통해 드라마를 보고, 남자들은 스포츠중계를 볼 때도 많다. 자신이 몰입해야 할 만큼 꼭 필요하고 시급한 콘텐트가 얼마나 된단 말인가.

그런데도 많은 젊은이들이 스마트폰에 빠져 헤어 나올 줄을 모른다. 그 아까운 시간들을 스마트폰으로 허비하고 있다. 그 숱한 시간의 절반만이라도 책을 읽는다면 자기계발에 큰 도움이 될 것이다. 우리나라 성인 10명 가운데 3.5명은 책을 일 년에 단 한 권도 읽지 않는다고 한다.

또는 가끔이라도 스마트폰을 내려놓고 차라리 아무 생각도 하지 않고 멍하게 앉아 있는 것이 낫다. '멍 때리기'는 기억력과 창의력을 높여준다고 한다.

더욱이 스마트폰에 매몰되면 자신의 목표추구를 위한 집요함과 독한 마음은 완전히 사라지고 만다. 스마트폰에 매몰되고 중독되면 집중력이 사라져서 자신이 꼭 해야 할 일을 제대로 추진하기 어렵다. 그쯤 되면 스마트폰은 문명의 이기가 아니라 독이 된다.

과감하게 스마트폰을 멀리 해야 한다. 그래야 자기가 발전할 수 있고 원하는 것을 성취할 수 있다. 차라리 예전에 쓰던 피처폰으로 바꾸어라.

요즘 다시 피처폰을 쓰는 사람들이 늘어나고 있다고 한다. 스마트폰이 없던 시절에도 큰 불편이 없었고 못 하는 일이 없었다.

열망 한가운데
서 있는
삶의 목표

공원이나 거리에서 노인들의 모습을 보면, 걸음걸이가 느리고 몸이 구부정하고 기운이 없어 보인다. 볕이 잘 드는 벤치에 앉은 노인들도 맥 빠진 모습으로 그저 멍하니 허공을 바라보며 오래도록 앉아 있다. 몸이 노화되어 기력이 떨어지고 잔병이 많아서 그럴 것이다. 하지만 반드시 그런 이유만은 아니다.

거리를 걷는 사람들을 보면 노인이 아닌 중장년이나 젊은이들 가운데도 몸이 축 늘어지고 힘없이 걷는 모습을 흔히 본다. 노인이나 그들은 왜 당당히 어깨를 편 채 걷지 못하고 **빠릿빠릿**하지 못할까?

쉽게 말하자면 기氣가 빠져 있기 때문이다. 그럼 '기'는 무엇일까? 활동하는 힘活力 또는 활기活氣, 보이지 않는 무형의 힘이다. 영어로는 에너지Energy라고 할 수 있다.

인생의 황혼기에 접어들어 여생을 보내는 노인들은 특별히 해야 할 일도 없고 자신의 장래를 위한 꿈이나 희망이 없다. 그저 시간이 흐르는 대로 살아갈 뿐이다. 별다른 의욕이 없다.

중장년이나 젊은이들의 경우도 마찬가지다. 실직해서 앞날이 막막하거나 아무리 애를 써도 취업이 안 돼 좌절감에 빠져 있다면 활력이 없다. 당장 해야 할 일도 없고, 자신의 불안한 미래에 대한 걱정이 머릿속에 가득하다면 바쁘게 움직일 의욕이 일어나겠는가.

바꾸어 얘기하자면 활력과 활기가 넘치고 적극적이고 의욕적으로 활동하려면 기氣가 있어야 하고, 기가 살아야 한다. 그러자면 자신이 추구하는 뚜렷한 목표와 목적이 있어야 한다.

인천국제공항을 비롯해서 멀지 않은 곳에 있는 국제공항에 가보라. 수많은 여행객들로 넘쳐난다. 그들은 한결같이 활기차게 움직이며 모두 기대감에 가득 찬 모습이다. 그야말로 무엇인가 의욕이 넘쳐 보인다. 왜 그럴까? 그들은 해외여행을 떠난다는 분명한 목적과 기대감이 있기 때문이다.

자신에게 아무런 목표도 목적도 없다면 그저 하루하루 무의미하게 살아갈 뿐이다. 하루가 길고 도무지 시간이 가지 않는다. 그것은 마치 기항할 목적지가 없는 항해와 같다. 목적지가 없으면 망망대해를 떠다니며 폭풍과 거센 풍랑을 만나도 의욕적으로 맞서기보다 단지 살아남기 위해서 버틸 뿐이다. 삶의 의미가 없다.

모든 사람들이 자기 나름대로 삶의 목표와 목적을 가지고 살아간다. 초등학교 학생들도 먼 장래의 희망(목표)을 갖고 있으며 남보다 좋은 학업성적을 얻기 위해 열심히 공부한다. 학업성적은 곧 자신의 능력이며 능력이 남들보다 뛰어나야 훌륭한 사람이 되고 자신의 희망을 달성할 수 있다는 생각 때문이다. 고등학교 학생들은 누가 강요하지 않아도 대학진학이라는 보다 현실적이고 분명한 목표가 있기 때문에 밤잠을 설치며 의욕적으로 공부한다.

앞으로 나는 무엇을 할 것이며 어떻게 살 것인지, 젊은이들은 자신의 인생을 구체적으로 설계하느라 여념이 없으며 자신의 목표와 삶의 목적이 세워지면 그것을 실현하기 위해 바쁘게 살아간다. 그래서 젊은이들에게는 활력과 활기가 넘친다. 신체적으로 가장 왕성한 시기이지만 뚜렷한 목표와 목적을 가지고 있어서 생기가 넘치고 에너지가 충만하다.

그러나 의욕이 넘치고 에너지가 충만하다고 해서 모두 자신의 목표와 목적을 성취하는 것은 아니다. 그것이 아무리 뚜렷하더라도 자신의 머릿속에만 있다면, 별로 대단하지 않은 시련이나 작은 실패에도 흔들릴 수 있다. 자신의 목표에 대한 간절함과 절박함이 있어야 한다. 말하자면 '열망熱望'이 있어야 한다.

열정이 있어야 참다운 사랑을 성취할 수 있듯이 자신이 진정으로 원하는 것에 대한 간절한 바람이 있어야 그것을 얻는다. 그러한 열망이 없다면 혼魂이 없는 것과 같다. 혼이 있어야 진짜 살아있는 것이다. 전통적인 일본도日本刀가 세계적인 명품으로 인정받는 것은 그것을 만든 장인의 혼이 담겨 있기 때문이다.

열망은 신념이며 투혼이다. 자신이 원하는 것에 대한 강한 신념이 있어야 그것을 성취할 수 있으며, 자신의 목표를 이룰 때까지 끝까지 물러서지 않겠다는 투혼이 있어야 한다. 그만큼 열망을 갖는다는 것은 결코 쉬운 일이 아니다. 기어이 쟁취하겠다는 독한 각오, 악바리 정신이 있어야 한다. 그것에는 당연히 고통이 따르기 마련이다.

달콤함이란 온갖 유혹이며 힘들지 않고 편하고 싶은 생각이다. 그것을 포기하지 못하면 열망은 시들어버리고 자신이 간절하게 원하는 것을 얻을 수 없다. 아픔을 견뎌냄으로써 오히려 열망에 이끌리는 자신의 삶이 즐거워야 한다.

현대그룹의 고故 정주영 회장은 "어떡해서 우리나라 최고의 부자가 될 수 있었느냐?"라는 학생들의 질문에 "그냥 하루하루 열심히 일하다 보니 어느새 부자가 되었다."고 했다.

세계 최초로 에베레스트 산을 정복한 뉴질랜드의 에드먼트 힐러리 경도 어떻게 에베레스트에 오를 수 있었냐는 질문에 "에베레스트를 향해 한 발 한 발 앞으로 나아가다 보니 에베레스트의 정상에 올랐다."고 했으며, 스티브 잡스도 "돈을 위해 열정적으로 일을 한 것이 아니라, 열정적으로 일했더니 돈이 따라오더라."라고 했다.

그들이 장난스럽게 얘기한 것이 아니다. 그들의 공통점은 강한 열망이 있었다는 것이다. 불같은 열망을 가지고 하루하루 열심히 일했고, 반드시 세계 최고봉을 정복하겠다는 열망으로 한걸음씩 앞으로 나간 것이다.

정주영 회장은 항상 아침에 일찍 일어났다. 그는 새로 시작하는 하루가 소풍가는 날처럼 즐거웠다고 했다. 자신이 하는 일에 대한 열정과 열망이 넘쳤기 때문이 아니겠는가. 스티브 잡스가 말하는 열정도 열망이다. 그는 열망의 화신이었다. 강한 열망으로 자신의 목표에 도전하다 보니 큰돈까지 벌게 되었다는 얘기다.

열망이 있으면 실패도 두렵지 않다. 다시 도전할 수 있는 용기와 패기가 생기기 때문에 좀처럼 좌절하지 않는다. 또한 열망을 가지고 어떤 목표를 추구했다면 어느 상황에 이르러 그 목표가 자신에게 맞지 않는다는 판단이 올 때도 있다. 그렇다면 과감하게 목표를 다른 것으로 바꾸어도 된다. 제대로 도전해 보지도 않고 물러서는 것이 아니라 열망을 지니고 최선을 다했기 때문에 후회가 없다. 다시 세운 새로운 목표에 또 열망을 불태우면 된다.

내 운명을
누구 손에
맡길 텐가

사람들은 생각보다 운이나 운명에 무척 민감하다. 과연 우리에게 운이나 운명이 있는 것인가, 없는 것인가를 놓고 논쟁을 벌이지만, 은근히 그것을 두려워하고 미리 알고 싶어 하는 사람들이 많다.

대학입시를 앞둔 수험생들의 부모는 불안한 심정에서 역술인을 찾아가 대입합격 여부와 어느 대학을 지원하는 것이 좋을지를 묻고, 서로 사랑하는 남녀가 결혼을 앞두고 점쟁이를 찾아가 궁합을 보기도 한다. 자신들이 결혼하면 잘 살 수 있는 운인지 그렇지 못한 운인가를 미리 알아보려는 것이다.

심지어 확고한 소신을 가지고 국민을 위해 일하겠다고 나서는 각종 선거의 입후보자들 가운데도 역술인을 찾아가 자신의 당선여부를 묻는다. 그런데 만일 점쟁이가 낙선할 것이라고 하면 어찌할 것인가. 그 말을 듣고 곧바로 출마를 포기할 것인가.

무속인 단체에 따르면 전국에 약 30만 명의 무속인이 있다고 한다. 이들 가운데는 유명 무속인도 있고 끊임없는 홍보를 통해 스스로 유명 무속인을 자칭하는 사람들도 있으며 사이비 무속인도 대단히 많다.

오래전 일이지만, 내가 아는 지인은 아들의 대학입시를 앞두고 역술인을 찾아갔다. 그는 잘 맞추기로 소문이 나서 족집게로 불리며 TV에도 출연했다는 유명역술인이었다. 엄마는 그에게 비싼 복채를 내고 아들의 대학진학에 대해 물었다. 그는 엄마가 내민 고3 아들의 명함판 사진을 보더니 "얘는 서울대학교 정문이 내 눈에 훤히 보여. 아무 걱정할 거 없어." 하더란다.

엄마와 아들은 그 말을 믿고 성적이 좀 모자란다는 담임선생님의 만류에도 서울대에 지원했다. 하지만 결과는 낙방이었다. 한 해 재수해서 다시 서울대를 지원했지만 또 떨어졌다. 다급해진 그들은 이 대학, 저 대학에 원서를 넣은 끝에 간신히 어느 지방대에 합격했다.

유명하다는 점쟁이가 그 정도니 그들에게 자신의 운명을 묻는다는 것은 참으로 부질없다. 더구나 엉터리, 사이비 무속인들이 판을

치고 있다. 그들의 가장 흔한 악랄한 수법이 공갈 협박이다. 마음이 답답해서 찾아온 사람들에게 "남편이 다음 달 언제 교통사고로 비명횡사한다. 빨리 굿을 하든지 부적을 하고 기도를 해야 한다." 하면서 수백만 원의 굿 값을 요구하거나 백만 원이 넘는 부적 값, 기도비용을 내라고 한다. 또 아이가 있다고 하면 "그 애는 일곱 살을 못 넘기고 병으로 죽을 팔자다. 빨리 액땜을 해야 한다."면서 역시 굿이나 치성드릴 거액의 비용을 요구한다.

그렇다면 우리에게 타고난 운명이나 운이 있는 것일까? 로또복권처럼 당첨확률이 수백만 분의 일인 거액의 복권에 당첨되는 사람들은 기가 막히게 운이 좋은 사람일까?

국내외를 막론하고 거액의 복권에 당첨되어 인생역전한 사람들의 대다수가 오히려 인생파탄을 맞는다고 한다. 돈을 물 쓰듯이 쓰다가 불과 몇 년 사이에 모두 탕진하고 빈털터리가 되는 것이다. 과연 운이 좋은 사람이라고 할 수 있을까?

타고난 운명이나 살아가면서 느닷없이 맞게 되는 운은 있을 수 없다. 맑은 날이 있으면 흐린 날도 있고 비 오는 궂은 날도 있듯이, 일생을 살아가다 보면 뜻밖에 일이 잘 풀리기도 하고, 어떤 행운을 맞기도 한다.

또한 자신이 예상하지 못했던 위기와 역경 등의 불행을 겪기도 한다. 그러한 희로애락이 곧 인생사인데 자신이 전혀 예상하지 못

했거나 뜻하지 않았던 어떤 불가항력적인 상황을 맞았을 때, 그것을 운명이라고 말한다.

가령 운이나 운명이 있다고 하자. 그럼 그것은 자신의 의지로는 어쩌지 못하는 불가항력인 것일까? 결코 그렇지 않다. 점보는 집들이 성황을 이루는 것은 점쟁이들이 굿, 부적 등으로 액땜을 하면 액운을 피할 수 있다며 돈을 뜯어내는 것만 보아도 운이나 운명은 바꿀 수 있다.

중국의 고전에도 "운명은 충분히 바꿀 수 있다. 인생은 미리 정해져 있지 않다. 물론 타고난 운명이 있을지도 모르지만 결코 바뀌지 않는 숙명은 아니다. 우리가 바꾸겠다고 생각하면 바뀌는 것이 운명이다."라고 했다.

알렉산더 대왕은 적군의 병력이 규모가 몇 배나 더 크고 막강해서 군사들의 사기가 떨어지고 겁에 질려 있을 때 어김없이 군사들 앞에서 동전 한 개를 꺼내 들었다.

"과연 우리가 적군을 물리치고 승리할 수 있을지, 아니면 패배할지, 우리의 운을 알아보겠다. 내가 동전을 던져서 앞면이 나오면 우리가 승리할 것이다."

알렉산더가 동전을 던졌다.

"보라. 앞면이 나왔다."

그의 곁에 있던 장수와 병사들이 동전을 보니 정말 앞면이었다.

"우리가 승리하는 것은 하늘의 뜻이다. 공격하라!"

군사들의 사기가 충천하고 자신감에 넘쳐 맹렬하게 적군을 공격했다. 결과는 알렉산더의 대승이었다. 사실 알렉산더가 던진 동전은 앞면과 뒷면이 똑같게 특별히 제조한 것이었다고 한다.

내 인생은 내가 개척한다

우리가 운이나 운명에 민감한 것은 거대한 우주에서 하나의 작은 생명체로 미약한 존재이기 때문이다. 그리하여 어떤 초월적인 힘에 의존하고 싶은 속성이 생긴 탓이다. 많은 사람들이 각종 종교에 의지하는 것도 그 까닭이다.

하지만 그보다는 확고한 의지가 부족해서 불안감이 큰 사람일수록 운과 운명에 민감하기 마련이다. 더욱이 불확실성시대에 앞날에 대한 목표의식이 약하고 자존감이 부족하면 미신에 현혹되기 쉽다.

우리에겐 가족이 있고 혈육이 있으며 더불어 사는 사회와 국가가 있다. 될 수 있는 대로 서로 돕고자 하는 것이 인간이다. 그것만으로도 우리는 당당할 수 있다. 더 이상 무엇을 바라겠는가. 모든 생명체는 자신의 운명을 스스로 책임진다. 운명이 있다면 그것은 각자 자신의 책임이다. 자신의 운명은 자신이 책임져야 한다.

한때 베스트셀러였던 〈정의란 무엇인가〉라는 저서로 우리에게 잘 알려진 마이클 샌델 교수는 그의 또 다른 저서인 〈생명의 윤리를 말하다〉에서 우리는 우리의 삶을 '주어진 선물'이라고 인정하는 것이 필요하다고 했다. 우리는 이 세상에 태어난 것만으로도 큰 선물을 받은 것이며 무엇과도 비교할 수 없는 행운이다.

미국의 시인이자 사상가였던 에머슨은 "얄팍한 사람은 운을 믿고 환경을 믿는다. 강한 사람은 원인과 결과를 믿는다."고 했다. 막연하기 짝이 없는 운명을 믿으며 그것에 흔들리지 말고 합리적인 사고를 해야 한다.

자신의 목표를 반드시 성취하고 말겠다는 강한 의지로 추구해 나가다 보면 여러 가지 우여곡절을 겪게 된다. 예상하지 못했던 갖가지 장애와 실패를 경험하기도 한다. 그러한 과정을 자기는 운이 나쁘다고 잘못 생각하는 사람들이 많다.

그리하여 "나는 뭐가 잘 안 될 팔자(운명)인가 보다." 하며 좌절하거나 점쟁이를 찾아가 자신의 운세를 묻는다. 그래서 합리적으로 생각해야 한다는 것이다. 운을 따질 것이 아니라, 왜 그런 난관과 장애에 부딪치게 되었으며 왜 실패했나, 그 원인을 분석해 보면 해결책도 나온다.

운과 운명에 민감하면 성공과 실패를 자신의 노력으로 판단하는 것이 아니라 자기를 지배하는 알 수 없는 힘 때문이라고 착각한다.

그것은 끈질기게 밀고 나가는 독한 마음이 부족한 탓이다. 설령 운과 운명이 있더라도 그것은 얼마든지 바꿀 수 있다.

　마음이 약하고 지독함이 부족해서 자꾸 의지가 흔들린다면 차라리 종교, 신앙을 가져라. 종교의 가치를 아무리 축소해도 신앙을 가져서 손해 볼 것이 없다. 신앙은 믿음과 의지를 준다. 초월적인 신(神)의 존재여부를 떠나 적어도 예수, 석가모니, 마호메트, 공자의 값진 교훈을 듣고 따르는 것만으로도 자신의 삶에 대한 자신감을 갖는 데 큰 도움이 된다.

지독함을
추구하며
강박증을 달랜다

'지독하다'는 표현에는 여러 가지 의미가 있다. 마음이 매우 악착같고 모질다는 뜻도 있지만, 어떤 모양이나 상태 따위가 일정한 한계를 넘어 극에 달한 상황을 뜻한다. 가령 냄새가 지독하다, 추위가 지독하다, 감기가 아주 지독하다 등과 같다.

'강박증強迫症'은 자신의 의지와 상관없이 두렵거나 불쾌한 생각 따위가 마음속에 박혀있어 아무리 애를 써도 떨쳐버리지 못하는 상태이다. 흔히 강박장애 또는 강박관념이라고도 한다.

마음이 악착같고 모질다는 뜻의 '지독하다.'는 것은 자신의 목표나 신념을 어떤 상황에서도 악착같이 끈질기게 밀고 나가는 독한 마음과 각오가 대단한 상태를 가리킨다. 다시 말하면 지독함은 어떤 목적을 자신의 의지에 의해 강력하게 추진하는 것이다.

반면에 '강박증'은 자신의 의지가 아니다. 자신은 그럭하지 않으려고 해도 자기 뜻대로 되지 않고 자꾸 마음이 쫓기고 불안해서 자기 의지와는 상관없는 생각과 행동을 하게 되는 심리상태를 말한다. 따라서 지독함과 강박증은 그 성질이 서로 다르다.

그러나 지독함과 강박증이 서로 혼동되는 경우가 적지 않다. 자신의 목표를 집요하게 추구해 나가는 독한 마음은 반드시 필요하지만 조급하고 초조해지면 강박증이 되기 쉽다. 빨리 자신의 목표를 성취하겠다거나 남들보다 앞서 가야겠다는 강박증이 생기면 공연히 초조해져서 마음이 쫓긴다.

그러다 보면 남들과 비교하고 그들에게 뒤처진다는 생각에 서두르고 무리한 행동을 한다. 대표적인 강박증 가운데 하나가 '행복강박증'이다. 사람은 누구나, 어떤 일을 하든 궁극적인 목표는 행복추구다. 자신의 목표를 독하게 밀고 나가는 것도 마침내 행복해지려는 것이다.

따라서 행복에 집착하면 행복강박증이 생긴다. 남들보다 행복해져야겠다는 생각이 마음을 초조하게 만든다. 그리하여 심리적으로 쫓기면서 이성보다 감정이 앞서 터무니없이 서두르고, 자칫하면 편법이나 불법, 탈법까지 자행하는 무리한 행동을 하고 만다.

그래도 뜻대로 되지 않으면 짜증이 나고 울화가 치밀어 마침내 이성을 잃고 분노한다. 또는 불안심리에 휩싸여 '나는 안 돼.' 하는 좌절감에 빠진다. 강박증으로 말미암아 독한 마음과 각오가 어느새 물거품이 되어버리고 방황한다. 강박증을 반드시 떨쳐버려야 독한 각오의 초심을 잃지 않는다.

꽃나무가 죽지 않았다면 언젠가 꽃이 핀다

김국진이라는 개그맨이 있다. 여러 해 전으로 기억되지만, TV를 시청하다가 〈남자의 자격〉인가 하는 프로그램에서 몇몇 인사들이 '청춘'에 대해 강연을 했는데 우연히 김국진의 강연을 들었다. 흥미도 있었고 기억에 남는 강연이었다.

그는 착각이 오늘의 자신을 만들어주었다고 했다. 공부를 잘하는 줄로 착각한 어머니가 서울로 이사했고 어쩌다가 별로 관심이 없었던 대학 영문과에 들어가게 되었다고 했다. 군대에 입대했더니 영문학 전공인 그가 영어를 잘하는 줄로 착각한 인사담당관 덕분에 통역병이 되었다고 했다.

그는 무척 내성적이어서 남 앞에서 발표도 잘 못 했는데 정훈장교의 착각으로 문선대(군 연예대)의 MC로 발탁되었다는 것이다. 그것이 자기가 개그맨이 될 수 있었던 계기였다고 했다.

 김국진이 자신의 뜻대로, 자기가 원해서 된 것은 하나도 없었다. 그는 개그맨으로 활동하면서 프로골퍼가 되고 싶어 했다. 그리하여 잘나가던 개그맨을 접어놓고 자신의 의지에 따라 골프에 도전했지만 결국 실패했다. 그는 그것도 자신의 착각이었다고 했다.

 그는 다시 개그맨으로 복귀했다. 어찌 보면 그의 인생행로에는 운이 따랐다고 볼 수 있겠지만, 내가 볼 때는 운이 아니라 김국진이 개그맨으로서의 자질과 잠재력을 지니고 있었기 때문이다. 내가 그의 강연을 유심히 살폈던 것은 그런 인생행로가 아니다. 그는 이렇게 얘기했다.

 "꽃은 저마다 피는 시기가 다르고 꽃이 피어 있는 기간도 다릅니다. 지금 내가 꽃이 피지 않았다고 초조하거나 좌절하지 마십시오. 언젠가 나의 꽃도 필 것이며 오래도록 피어 있을지 모릅니다. 꽃나무가 죽지 않았다면 꽃은 반드시 핍니다. 다만 시기가 다를 뿐입니다. 봄, 여름이 되면 일제히 피기도 합니다. 우리의 청춘도 그와 같은 것이라고 생각합니다."

 젊은이들에게 용기를 주는 말이었다. 젊은이들은 누구보다 의욕이 넘치고 무엇인가 하겠다는 의지가 강한 세대다. 젊은이들에게 희망과 활기가 있어야 국가와 사회의 장래가 밝다. 당연히 국가와 사회가 의욕에 불타는 긍정적인 젊은이들을 적극 지원해야 하는데 안타깝게도 우리의 현실은 그렇지 못하다.

현실은 젊은이들에게 희망을 주지 못하고 있다. 사회생활을 시작하기 전부터 학자금대출 등, 갖가지 부채에 짓눌려 있다. 무엇이든 일을 해야 희망을 키워갈 텐데 일자리가 없다. 엄청난 취업난에 시달리며 수입이 없으니 부채는 더욱 늘어난다. 연애, 결혼, 출산을 포기해야 하는 3포는 기본이다. 그들은 결혼은 사치이며 출산은 금물이 된다.

계층이동은 꿈도 못 꾼다. 금수저로 태어나야 힘들이지 않고 금수저로 살아갈 수 있으며 흙수저는 영원히 흙수저다. 금수저 심은 데 금수저 나고 흙수저 심은 데 흙수저 난다. '개천에서 용 난다.'는 거짓말이 되고 있다. 젊은이들의 60% 가까이가 계층이동은 불가능하다고 체념한다.

더욱이 요즘 젊은이들은 먹고 사는 문제 해결조차 힘들다고 한다. 운 좋게 취업을 했어도 주거비를 비롯한 생계비 압박에 큰 고통을 받는다. 내 집 마련은 거의 불가능에 가깝고 전세, 월세에 등골이 휜다.

서울과 대도시에서 전세 구하기는 로또당첨이나 다름없고 변두리로 나가도 1억이 넘는다. 월세는 보증금을 포함해서 해마다 가파르게 오른다. 전세든 월세든 당장 살 집을 마련하려면 또 빚을 얻어야 한다. 일자리를 못 구해 고통을 받든, 직장이 있어서 뼈 빠지게 일을 하든, 부채를 조금이라도 갚기는커녕, 갈수록 늘어나 이자조차 감당하기 어려우니 먹고 사는 문제마저 힘겹다.

이처럼 절박한 현실에서 젊은이들은 초조해질 수밖에 없다. 하루라도 빨리 자신을 압박하는 고통에서 벗어나 어떡해서든지 성공해야 행복해 질 수 있다는 조급함에 사로잡혀 서두르게 된다. 바로 강박증이 생긴다.

그러나 마음만 바빠서는 오히려 자신을 더욱 망칠 뿐이다. 서두르면 부작용이 생긴다. 물도 급히 마시면 사래 걸리기 쉽다. 우물에서 숭늉을 찾을 수는 없다. 다급한 마음에 무작정 서둘러서는 원하는 것을 얻을 수 없다. 자칫 갖가지 부작용에 시달릴 뿐이다.

급할수록 돌아가라는 말이 있다. 태풍처럼 강한 바람이 불 때는 잠시 엎드려야 한다. 어려울 때는 안절부절못하며 허둥댈 것이 아니라 그것을 견뎌내는 것이 상책이다. 더욱이 자신에게 뚜렷한 목표가 있고 그것을 독한 각오로 추진해 왔다면, 환경과 여건이 어려울수록 절대로 무너지지 않겠다는 더 한층 독한 마음을 다져야 한다.

그리하여 처음에 세운 목표를 끝까지 밀고 나가는 초심이 흩어지지 않으면 언젠가 반드시 원하던 것을 성취할 수 있다. 그 성취가 빨리 올 것이냐, 좀 늦을 것이냐, 그 차이가 있을 뿐이다. 어찌 되었든 때가 되면 꽃은 핀다. 그런 의미에서 개그맨 김국진이 남긴 말을 다시 한 번 되풀이하겠다.

"꽃은 저마다 피는 시기가 다르고 꽃이 피어 있는 기간도 다릅니다. 지금 내가 꽃이 피지 않았다고 초조하거나 좌절하지 마십시오. 언젠가 나의 꽃도 필 것이며 오래도록 피어 있을지 모릅니다. 꽃나무가 죽지 않았다면 꽃은 반드시 핍니다. 다만 시기가 다를 뿐입니다."

자신에게 엄격하고 남에게 관대하라

최근, 내가 하는 일과 관련이 있는 젊은 남성과 얘기하다가 한 가지 흥미로운 사실을 발견했다. 그 남성의 성격이 내성적이어서 대인관계의 폭이 우려되어 좀 걱정스런 부분이 있었다. 그렇지만 그 남성 본인은 전혀 다른 생각을 가지고 있었다. 그는 오히려 친구나 친척, 각급 학교 동창을 비롯해서 많은 사람들과 교류하고 지낼수록 귀찮고 골치만 아프다고 했다.

내가 그 이유를 묻자, 온갖 부탁에 시달린다는 것이다. 보험에 들어 달라, 무슨 잡지를 정기 구독해 달라, 무슨 회원이 되어서 회비를 내달라, 그뿐인가? 각종 경조사에 축의금, 조의금을 내고 나면 얄팍한 수입에 거덜이 난다고 했다. 그렇다고 냉정하게 거절하면 서로의 관계에 균열이 생기고, 부탁 다 들어주면 경제적으로 쫓기게 되어 고통 받으니까 일부러 아는 사람들과의 접촉을 피한다고 했다.

나는 그럴 수도 있겠다고 생각했다. 또 다른 얘기를 계속하다가 그가 먼저 자신의 장래에 대한 얘기를 했다. 출판에 대해 좀 더 배워서 자신의 출판사를 세우는 것이 꿈이라고 했다. 꿈은 좋지만 적지 않은 설립자금이 필요할 텐데 혼자서 가능하겠냐고 물었더니 그가 서슴없이 대답했다.

"혼자서는 힘들죠. 여러 사람의 도움을 받아야겠죠."

자기는 남을 돕는 일을 피하고 싶으면서 자기가 필요하면 남의 도움을 받고 싶은 이기심에 잠시 할 말을 잃었다. 그 젊은 남성의 그릇된 사고방식을 지적하려는 것이 아니다. 그 남성만 그런 것이 아니다. 남에게는 가혹하고 자신에게는 관대한 것이 요즘 젊은이들의 보편적인 세태인 것 같다.

어떤 사람이든 힘이 들 때는 누군가의 도움이 필요하다. 우리 인간에게는 남을 배려하고 도울 줄 아는 이타심利他心이 있다는 것이 가장 큰 장점이다. 서로 돕고 협동하는 것이 인간이다. 더구나 우리는 남을 배려할 줄 아는 정이 많고 인심이 좋은 민족 아닌가.

어쩌면 우리가 여전히 다 같이 못살았으면 그러한 미풍양속이 이어졌을지 모른다. 그런데 1960년대 이후 가난에서 벗어나 경제적으로 남보다 잘 살겠다는 치열한 경쟁과 함께 물질만능시대가 되어 돈이 최고의 가치가 되었다. 따라서 빈부의 격차가 심해지고 삶이 팍팍해졌다.

예전에는 자녀들이 도시에 사는 친척집에서 함께 살며 공부하기도 했는데, 요즘은 아무리 가까운 친척이라도 찾아가서 하룻밤을 묵기조차 어렵다. 물론 도시는 너무 비싼 집값 때문에 방(房)에 여유도 없고 한 방에서 함께 잘 만큼 살갑지도 못하다. 하지만 그보다 정(情)이 많이 사라진 것이다. 아무리 가까운 친인척이라도 잘 살지 못하면 기피한다.

부모자식 간, 형제자매 간에도 돈 때문에 싸운다. 심지어 부모의 장례식장에서 조의금의 분배문제로 형제가 싸우기도 한다. 아파트 바로 옆집에 누가 사는지도 모르고 내가 돈이 없으면 어디서 돈 십만 원 빌리기도 어렵다.

지난 날 친구나 이웃끼리 "돈 좀 빌려줘.", "돈 좀 꿔줘." 하며 아무런 조건 없이 몇만 원, 몇십만 원 빌릴 수 있던 정과 인심이 사라졌다. 돈이 없으면 비싼 이자의 신용카드 현금서비스, 은행대출을 받아야 한다. 그조차 어려우면 역시 이자가 비싼 제2금융권의 융자, 아니면 천문학적 이자의 사채를 썼다가 더욱 쪼들리고 제 때 상환하지 못하면 엄청난 고통을 겪는다.

오직 자기 자신과 가족뿐이다. 아무리 경제가 어렵다지만, 국민들의 평균적 경제수준은 크게 향상되었다. 빈곤은 절대적 빈곤이라기보다 상대적 빈곤이다. 경제적으로 여유가 있는 가정도 많아졌다. 그들은 오직 자기 가족을 위해서만 돈을 쓴다. 자녀들에게는 아낌없이 돈을 퍼붓는다. 과잉보호와 함께 무엇이든 최고, 최고급을 제공하고 공부는 자녀가 원하면 대학이 아니라 해외유학까지 지원한다. 아무튼 자녀가 원하는 것은 무엇이든 다 들어준다.

혼자서 일어서야 한다

그렇게 성장한 세대가 우리 젊은이들이다. 대다수의 그들이 성인이 되기까지 행복하고 편안한 성장기를 거친 것은 축복이다. 하지만 부모의 과잉보호, 과잉지원이 그들에게 바람직하지 못한 습성을 키워주었다.

전혀 남을 배려할 줄 모르고 자기만 아는 이기주의적 사고가 그들에겐 당연한 것이었다. 또한 고난과 좌절을 모르고 성장했기 때문에 자기가 원하는 것은 무엇이든 이룰 수 있으며 안 되는 것, 못할 것이 없다는 착각을 갖는다. 그와 함께 자존감보다 부모에게 모든 도움을 받았던 의존심에 익숙해졌다.

그러다가 이른바 X세대를 거쳐 Y세대로 불리는 이 특별한 젊은 이들이 대학을 졸업해 봤자 취업하기가 어려운 최악의 경제난, 혼란과 갈등으로 모든 것이 불확실한 사회, 불안한 미래에 방황하는 암울한 시대를 맞고 있다.

온실의 화초처럼 더없이 좋은 환경에서 성장한 젊은이들에게는 저항력이 있을 수 없으며 온갖 악조건을 견뎌낼 인내력도 크게 부족하다. 뿐만 아니라 시련을 경험하지 못한 그들은 갑작스런 역경과 맞설 과감한 용기도 갖추지 못했다. 그런 실정에서 아무리 노력해도 취업조차 안 되고, 자기 뜻대로 되는 것이 아무것도 없고, 무엇을 원한다고 해서 이루어지는 것이 하나도 없으니 자포자기하기 일쑤다.

결국 많은 젊은이들이 이른바 '빨대족'이 된다. 부모와 함께 살면서 아무런 대책도 없이 모든 것을 부모에게 의존하면서 무위도식하거나 자신의 능력부족을 탓하면서 분발할 생각은 전혀 안 하고 사회를 탓하며 불평과 불만 그리고 분노를 키워간다. 사회에 분노하기에 앞서 자기 자신에게 분노해야 한다.

그렇지 않으면 당장 일할 수 있는 각종 영업사원으로 들어간다. 그리하여 각종 보험가입이나 별로 필요성이 없는 잡지의 정기구독을 강요하거나 다단계 제품을 자신의 주변사람들에게 강매한다. 친구, 친인척, 각급 학교 동창 등 자신과 인간관계가 있어서 좀처럼 거절하기 어려운 사람들에게 정신적 물질적 부담을 주고 피해를 입힌다. 자기는 전혀 남을 돕지 않으면서 남들의 도움만 받으려 한다.

남보다 의욕이 있는 젊은이들은 개인 창업을 시도한다. 중년을 넘어선 실직자, 퇴직자들만 개인 창업을 하는 것이 아니라, 젊은이들도 개인 창업을 한다. 어찌 보면 젊은이들에게 개인 창업은 바람직하고 권장할 만하다.

그러나 개인 창업은 쉬운 일이 아니다. 뚜렷한 소신이 있어야 하며 탁월하고 확실한 아이템, 사업계획과 규모, 목표와 전망, 연구와 개발계획 등이 빈틈없이 갖춰져야 한다. 그렇지 못하고 대개의 퇴직자들처럼 남 따라 커피전문점이나 치킨 집 따위를 하다가는 일 년을 버티지 못하고 문 닫게 된다. 실제로 개인 창업자의 약 80%가 실패를 맛본다.

특히 젊은 개인 창업자들은 철저하고 빈틈없는 준비성이 몹시 부족한 경우가 많다. 뿐만 아니라 개인 창업을 계획하고 실천에 옮기는 과정에서부터 큰 문제가 있다. 물론 개인 창업하는 모든 젊은이들이 그런 것은 아니지만, 대개의 경우 처음부터 기업, 즉 회사를 창업하려고 한다.

회사를 창업하려면 창립비용이 많이 필요할 뿐 아니라, 운영과 유지비용이 만만치 않다. 그런데도 철저한 준비성도 없이 회사를 창업하려는 것은 부모의 과잉보호와 무한한 지원을 받은 성장과정에서 체질화된 '내가 원하면 되고 내가 하면 된다'는 착각 때문이다. 실패, 좌절을 체험하지 못했으니까 막연히 자기가 하면 된다'는 그릇된 고정관념 탓일지도 모른다.

또한 부모의 지원으로 왕자처럼 성장한 탓에, 남과 비교하고 남보다 앞서야 한다는 체면의식으로 무작정 사업을 크게 벌려 남들에게 부러움을 사려는 빗나간 과시욕이 작용하는 탓이다. 사업을 시작도 하기 전에 고급빌딩에 넓은 사무실을 마련하고 여러 명의 직원을 거느린다. 모두 자신의 능력으로는 감당할 수 없는 큰돈이 들어간다.

그리하여 처음부터 과욕을 부리면서도 그것을 실행에 옮길 경제적 능력이 부족하니까 남에게 의존하고 도움을 받으려 한다. 역시 가장 만만한 사람이 부모다. 부모에게 경제적 지원을 받거나 부모가 사는 집을 담보로 은행대출을 받는다. 심지어 부모의 노후자금인 퇴직금까지 빼앗다시피 가져간다.

그것으로 부족하면 형이나 누이, 가까운 친척에게 생떼를 써가며 억지로 돈을 빌린다. 사업을 하다 보면 여러 가지 보증이 필요한 경우가 있다. 그럴 때도 친인척, 친구에게 보증 서 줄 것을 강요한다. 모조리 남의 도움을 받아, 회사를 이끌어 가려는 것이다. 그러면서도 자신은 고급 승용차를 타고, 고급호텔 시설을 이용하며 성공한 사업가 행세를 한다.

다른 사람이나 금융기관의 돈을 빌려 사업을 하는 것이 마치 능력인 것처럼 착각하지만 그것은 도박과 같다. 눈덩이처럼 늘어나는 이자도 큰 부담이려니와 도박이나 복권으로 횡재한 돈이 쉽게 날아가듯이, 자신이 피땀 흘려 정직하게 번 돈이 아니면 마치 팝콘처럼 조금만 바람이 불어도 날아가 버린다. 왜냐하면 절박함과 간절함이 없어 아까운 줄 모르고 쉽게 쓰기 때문이다.

개인 창업은 좋지만 지나치게 욕심을 부리고 절대로 무리하면 안 된다. 자신은 실질적으로 아무런 투자도 하지 않고, 남에게 돈을 빌리고 도움을 받아 사업을 시작하면 거의 실패한다. 남의 돈을 내 돈처럼 어렵게 생각해야 하는데 무의식적으로 마치 공짜로 얻은 돈처럼 착각하고 쉽게 써버리기 때문이다.

개인 창업은 자신의 여건과 능력, 그리고 자신의 분수에 맞춰야 한다. 규모가 작다고 부끄러워할 이유가 없다. 스티브 잡스도 자기 집 차고에서 불과 1천 달러로 사업을 시작했다. 작게 시작하면 실패도 작게 한다. 실패를 해 보아야 성공에 다가갈 수 있다. 창업자 스티브 잡스를 쫓아내고 '애플'의 CEO를 역임했던 존 스컬리는 이런 말을 남겼다.

"빨리 그리고 바라건대 싸게 실패하는 법을 배워라. 실속 있게 실패하라. 실패에 너무 많은 돈을 낭비하지 말고, 실패했으면 즉시 그것을 인정하라. 실패에서 배운 최고의 교훈을 잘 간직하고 다음으로 넘어가서 다른 것을 하라."

다시 한 번 개인 창업을 하려는 젊은이들에게 말하고 싶다.

그것은 남에게 도움 받을 생각을 버리고 혼자서 할 수 있어야 하고 혼자 일어서야 한다는 것이다. 어린아이가 넘어져서 주저앉아 울고 있을 때 부모나 누군가가 부축해서 일으켜주면 그 다음에 넘어졌을 때도 혼자 일어서지 않는다. 누가 부축해 주겠지 하는 의존심이 있기 때문이다. 부축해 주기보다 혼자 일어서도록 격려해 줘야 한다. 그처럼 체질화된 의존심을 버리고 혼자 일어나야 한다.

그러자면 부모의 사업을 물려받은 후계자나 좋은 여건에서 시작하는 창업자보다 몇 배의 독한 각오와 기어이 자수성가하겠다는 굳은 집념이 있어야 한다. 독하지 않으면 개인 창업은 성공하기 어렵다.

순탄하지 못한 인생이 축복일진대

순탄치 못한 인생이 축복이라니, 역설적인 얘기가 아닌가. 태어나서 죽을 때까지 인생이 순탄해야 복이 많은 사람이라고 하지 않는가? 평생 아무런 걱정도 없고 역경이나 시련이 없어서 편안하고 건강하게 장수하다가 큰 고통 없이 죽는다면 그거야 말로 축복받은 인생이 아닐까?

어느 누가 파란만장과 우여곡절로 이어가는 고달픈 인생을 살고 싶겠는가. 모든 인생사가 순조롭게 흘러가고 전혀 고생할 일이 없는 순탄한 인생이 행복한 인생이라고 생각할 것이다.

하지만 한번 뒤집어 생각해 보자. 많은 사람들이 순탄한 인생을 살고 싶어 하는 것은 우리 대부분의 인생이 결코 순탄하지 못하기 때문이 아닐까?

그렇다. 모든 생명체의 삶은 순탄하지 못하다. 어쩌면 그것이 자연의 섭리인지도 모른다. 동물들의 삶은 위기의 연속이다. 자연의 조화인 먹이사슬에 따라 모든 동물에게 천적이 있다. 먹이를 찾아 온종일 돌아다니다가 언제 갑자기 자기가 먹잇감이 되어 천적에게 잡혀 먹힐지 모른다. 끊임없이 이어지는 위기가 곧 동물들의 삶이다.

식물들은 철저하게 자연의 지배를 받는다. 생존에 가장 적합한 서식지를 택하지만, 예측할 수 없는 날씨가 생명을 좌우한다. 혹독한 가뭄이 오래도록 이어지면 식물은 말라죽는다. 식물이 말라버리면 초식동물은 먹이가 없어서 굶어죽고 만다. 초식동물이 사라지면 먹이사슬이 파괴되어 육식동물도 살기 어렵다.

동물이든 식물이든 생명체는 예측조차 할 수 없이 연속되는 위기 속에서 위태롭게 살아간다. 그런데 어떻게 좀처럼 멸종하지 않고 수억 년, 수천만 년 종種을 이어가는 걸까?

역설적이지만 모든 생명체는 그러한 역경과 위기가 있기에 진화進化하는 것이다. 메마른 땅, 열악한 환경에서 서식하는 식물은 끊임없이 뿌리를 뻗어나가 수분과 양분을 얻는 끈질긴 생명력으로 진화하고 있다.

동물들은 예컨대, 천적이 무척 빠르게 달린다면 먹잇감이 되는 동물도 잡혀 먹히지 않기 위해 더욱 빨리 달릴 수 있게 진화한다. 그러면 천적인 포식동물은 먹잇감을 못 잡는 걸까? 그렇지 않다. 포식동물도 더욱 빨라진 먹잇감을 잡을 수 있게 더한층 빨리 달릴 수 있도록 진화한다. 그럭해서 먹이사슬의 균형이 변함없이 이루어지는 것이다. 기막힌 자연의 조화다.

우리 인간은 뛰어난 지능 덕분에 먹이사슬의 제일 꼭대기에 있다. 인간에게는 천적이 없다. 천적이 있다면 바로 똑같은 인간이 천적이다. 전쟁을 벌여 수많은 인간을 죽이고, 전쟁이 아니라도 인간끼리 다툼을 벌이다가 살인한다.

굳이 천적이 있다면 뜻밖에 치명적인 전염병을 일으키는 바이러스, 박테리아와 같은 미생물이다. 먹이사슬의 최상위에 있는 인간이 최하위에 있는 미생물에 당하다니, 그것 또한 역설적이 아닌가. 역시 먹이사슬은 거부할 수 없는 자연의 법칙이다.

치명적인 바이러스를 박멸하기 위해 인간은 끊임없이 백신을 개발한다. 그렇다고 바이러스는 사라지지 않는다. 신종 바이러스가 등장한다. 말하자면 치열하게 경쟁하면서 바이러스도 진화하고 우리 인간도 진화한다.

그렇다. 약 600만 년 전 인류가 등장한 이래, 눈에 보이지는 않지만 진화를 거듭해 오는 것이다. 그런데 중요한 것은 진화가 아무런 이유도 없이 저절로 일어나는 관성적인 작용이 아니다. 앞서 얘기한 것처럼 생명체의 서식환경에 역경, 위기, 생존에 지장을 주는 장애요소들이 있을 때 그것을 극복하고 적응하기 위해 일어난다.

따라서 진화는 역경, 위기, 장애요소들과의 경쟁이며 투쟁이다. 또한 생명체의 보다 나은 생존을 위한 변화이며 발전이다. 진화는 안락하고 쾌적하고 순탄한 환경에서는 일어나지 않는다. 현재의 상태로 그대로 머물러 있다가 갑자기 역경과 위기가 닥치고 치명적인 장애요소가 나타나면 전혀 대처하지 못하고 속절없이 절멸하고 만다.

우리 인간도 마찬가지다. 순탄한 인생은 얼핏 행복해 보이지만, 갑작스럽게 고난, 역경, 위기 등을 맞게 되면 효과적으로 대처하지 못한다. 그리하여 맥없이 좌절하거나 너무 쉽게 무너진다.

걱정이 없다는 게 오히려 더 걱정스럽다

어떤 사람이 고난이나 위기 없이 살아가는 게 순탄한 인생이 아니냐고 반문할지 모른다. 그러나 인생사에서의 고난이나 위기, 역경에는 내부요인과 외부요인이 있다. 내부요인은 자기 자신의 문제다. 순탄한 인생을 살고 있다고 해서 전혀 문제가 없는 것은 아니다.

어떤 책을 읽다가 스위스에 대한 얘기가 눈에 띄었다. 잘 알다시피 스위스는 세계에서 가장 살기 좋은 나라다. 알프스 자락에 있는 나라로 기후와 자연환경이 아주 좋고 영구중립국이어서 전쟁의 위험성도 없으며 국민들의 경제수준도 높다. 더욱이 사회보장제도가 잘되어 있는 복지국가다. 그러면 스위스 국민들은 아무런 걱정 없이 순탄하게 잘살고 있을까.

오히려 아무런 걱정이 없고 모두 순탄하게 사는 것이 문제라고 한다. 스위스에서는 청소년과 젊은이들의 마약복용이 크게 늘어나 사회문제가 된다는 것이다. 혈기가 왕성한 젊은이들은 삶이 너무 순탄하니까 단조롭고 무료해서 어떤 자극을 얻고 싶어 하는 것 같다. 이러한 것이 내부요인이다.

외부요인은 자신의 의지와 아무 상관없이 일어난다. 가령 자동차 운전을 예로 들어보자. 자신의 운전 실력이 뛰어나고 항상 조심성을 갖고 운전하면 거의 사고가 일어나지 않고 순탄하게 운전할 수 있다.

하지만 갑자기 도로에 짙은 안개가 깔려 앞이 잘 안 보이거나 폭설이 쏟아지고 얼어붙어 도로가 빙판길이 된다면 자신이 아무리 조심운전, 안전운전을 해도 불가항력적으로 사고가 일어날 수 있다.

또한 자신은 교통법규를 준수하며 안전운전을 하고 있는데 갑자기 뒤따르던 차가 추돌사고를 내기도 하고, 옆 차가 느닷없이 끼어들어 접촉사고를 낸다. 이러한 것들이 외부요인이다.

우리 인생사의 행*과 불행은 자기 의지대로 되기도 어렵고 예측하기도 어렵다. 순탄하게 살아가다가 예기치 못한 천재지변을 만나 한꺼번에 모든 것을 잃을 수도 있다. 자신의 의지와 상관없이 치명적인 전염병에 걸릴 수도 있으며 자기나 가족이 암에 걸려 심각한 상태가 될 수도 있다.

순탄하게 잘 나가던 사업이 마치 암초에 부딪치듯 뜻하지 않았던 장애를 만나 부도도 나고 회사의 경영난으로 갑자기 정리해고가 되어 하루아침에 실직자 신세가 되기도 한다. 가까운 친구나 일가친척의 재정보증을 잘못섰다가 큰 낭패를 보기도 한다. 모두 외부요인들이다.

순탄한 인생은 역경과 위기에 대처하는 저항력이나 면역력, 그리고 판단력과 문제해결능력을 약화시킨다. 그래서 한번 틈새가 생기면 걷잡을 수 없이 무너져 버린다. 인생이 비록 순탄하지 못하더라도 삶의 우여곡절을 겪으며 크고 작은 고난과 위기를 경험해야 저항력, 면역력도 생기고, 어떤 위기라도 그것을 극복할 수 있는 노하우가 생긴다.

행복도 그렇다. 항상 공부를 잘하고 성적이 순탄한 고등학생이 좋은 대학에 합격하면 그 기쁨은 그다지 크지 않고 모두 당연하게 생각한다. 하지만 공부도 못 하고 항상 말썽만 부리던 문제 학생이 마음을 잡고 몇 달 동안 독하게 공부해서 일류대학에 합격했다면 본인은 물론, 가족 또한 기쁘고 행복할 것이다.

 누구나 맑은 날을 좋아한다. 활동하기 좋은 맑은 날만 계속되기 바란다. 그러나 매일 맑은 날씨만 계속되면 식물이 제대로 자라지 못하고 대지는 사막화된다고 한다. 자동차 전용도로인 고속도로는 거의 곧게 뻗어 있다. 하지만 곧고 평탄한 길만 계속 이어지면 운전이 지루해지고 졸음이 와서 오히려 사고의 위험이 있다. 그래서 적당히 곡선도로를 넣어 설계한다.

 말하자면 적당히 긴장해야 하고, 어떤 자극이 있어야 삶에 활기가 있고 삶이 한결 풍요로워진다. 스트레스가 심하면 정신적으로 고통스럽지만 스트레스가 전혀 없는 것도 좋지 않다고 한다. 어느 정도 스트레스가 있어야 긴장하고 자극을 받기 때문이다.

 그렇게 보자면 순탄한 인생보다 순탄치 못한 인생이 축복이다. 자신의 인생이 순탄치 못하다고 좌절할 일이 아니다. 오히려 순탄치 못한 인생은 실패를 미리 경험할 기회를 갖게 해 준다고 고맙게 생각해야 한다.

 우여곡절이 많은 인생도 파란만장하겠지만 어느 정도는 순탄치 못해야 자신의 변화와 발전에 큰 도움이 된다. 그 덕분에 긴장하고 자극을 받아 자신이 진화할 수 있다.

　아주 많은 사람들이 물질적 어려움과 정신적 고통을 겪으며 살아간다. 그러다 보니 갑자기 모든 걱정이 사라져도 걱정이다. 걱정이 없다는 게 오히려 걱정스럽다. 살아가면서 어려움과 고통을 겪는 것이 결코 좌절할 일도 아니다. 오히려 그것을 행운으로 바꾸어야 한다.

　그러자면 고난과 위기에 부딪칠수록 더욱 분발해야 한다. 그럴수록 더욱 독한 마음과 각오로 맞서나가야 한다. 그리하여 어려운 현실을 극복한다면 자신의 인생은 한결 성숙해지고 보다 큰 보람과 행복을 맞을 것이다. 그것이 순탄치 못한 인생이 주는 행운이며 축복이다.

조금 더 멀리 바라보고 혼을 키운다

얼마 전 몇몇 선배작가들과 함께 자리할 기회가 있었다. 이런 저런 얘기들을 주고받다가 자녀들에 대한 얘기가 나왔다. 한 선배 작가에게 이십 대 후반인 아들이 있는데 취업을 못 하고 있다는 소식을 들었던 기억이 있어서 조심스럽게 물어보았다.

"아직 못 했어. 벌써 3년째 놀고 있는 거야."

"요즘 워낙 취직하기가 힘들잖아요. 걱정되시겠어요."

나뿐 아니라 모두 걱정을 하는데 선배는 의외로 태연했다.

"할 수 없지 뭐. 걱정하고 조바심을 낸다고 취업이 되는 것도 아니고…… 아무튼 어떻게 되겠지. 앞으로 3년 뒤에도 설마 놀고 있겠어? 언젠가는 무엇을 하든 하지 않겠어?"

　선배의 진짜 속마음은 모르겠지만 그의 말이 맞기는 맞는다. 지금 당장은 막막하지만 취업을 못 해 영원히 놀고 있지는 않을 것이다. 아직 취업하지 못한 아들이 언젠가는 무슨 일이든 일을 할 것이다. 그것이 당장 내일일 수도 있고 오래 걸릴 수도 있는 그 차이뿐이다.

　자의든 타의든, 우리의 삶은 세월이 흘러가며 어떤 식으로도 변하기 마련이다. 그것이 발전적인 변화일 수도 있고, 원치 않았던 부정적인 변화가 올 수도 있다. 빛과 그늘이 함께 하는 것이 우리의 인생이다. 솔직히 앞으로 자신이 어떻게 변할지 아무도 장담하지 못한다.

　일찍이 많은 선현들이 '인생은 자신이 생각하는 대로 된다.'고 했다. 어떤 확실한 목표를 세우고 그것이 이루어지기를 간절하게 원할수록 뜻을 이룰 가능성이 높아지는 것은 사실이다. 왜냐하면 자신의 목표가 자신을 이끌기 때문이다.

　그렇기 때문에 확실하고도 구체적인 목표를 세우고 독한 마음과 각오로 추진해 나가는 독종이 되어야 한다고 거듭해서 강조해 왔다. 아무리 세상이 험하고 경쟁이 치열하다고 해도 '필사즉생(必死卽生)' 즉 죽기를 각오하고 맞서면 오히려 살 수 있다는 독한 각오가 필요하다고 했다.

그런데 한 가지 의문이 있을 것이다. 과연 언제까지, 얼마나 오랫동안 필사즉생의 독한 각오를 유지할 수 있느냐 하는 것이다. 가령 100m, 200m를 달리는 단거리 육상선수는 짧은 거리를 혼신의 힘을 다해 전력으로 달린다.

하지만 마라톤이나 장거리 육상선수가 처음부터 그렇게 전력으로 달렸다가는 얼마 못 가서 쓰러지고 만다. 장거리 육상선수는 힘을 분배하고 속도를 조절해야 끝까지 달릴 수 있다.

자신의 앞날은 아무도 장담하지 못한다. 뚜렷한 목표를 세워 독하게 밀고 나가면 반드시 목표를 성취할 수 있더라도, 과연 언제 이루어질 수 있을지 예측할 수도 없다. 다음 달에 목표를 성취할지, 1년 뒤, 아니 5년, 10년 뒤일지 예측할 수 없다.

다시 말하면 독한 각오로 단거리 선수처럼 달려야 할지, 아니면 마라톤 선수처럼 달려야 할지 모른다. 처음부터 독하게 달려 짧은 기일 안에 목표를 성취했다면 다행이지만, 만일 그 기간이 자꾸 늦어진다면 과연 독한 각오와 굳은 집념을 변함없이 유지해 나갈 수 있느냐가 문제다.

독한 의지를 변함없이 유지해 나가려면

　우리가 숨을 쉬는 것도 1분 정도는 들숨과 날숨을 멈추고 견딜 수 있지만 무한정 숨을 안 쉬고 버틸 수는 없다. 아무리 독한 각오라도 그것을 무한정 이어나간다는 것은 불가능하다. 목표성취의 기간이 길어질수록 처음에 먹었던 독한 각오는 차츰 희석되고 흔들릴 수밖에 없다. 그렇다면 어찌해야 할까?

　첫째, 꿈과 목표가 커야 한다.
　수많은 위인들이 한결같이 '꿈을 크게 가져라.'라고 조언하지 않는가? 큰 꿈과 목표를 갖는 것은 젊은이의 특권이다. 가령 자신의 학력은 대학졸업으로 충분하다고 생각하는 대학생과 반드시 박사학위를 취득하겠다는 목표를 가진 대학생이 있다면 그들의 공부에 대한 열정은 크게 차이가 난다.
　대학졸업을 목표로 했던 학생은 쉽게 목표를 달성할 수 있다. 박사학위 취득을 목표로 했던 학생은 박사학위를 쉽게 취득하기 어렵고 공부해야 할 기간도 훨씬 길지만 박사는 안 되더라도 석사학위는 취득할 수 있다. 학사와 석사의 차이는 크다. 성취도가 다르다. 꿈과 목표가 크면 그것을 향해 가는 과정만으로도 상당한 성취를 이룰 수 있다.

자신의 미래를 조금 멀리 내다보아야 한다. 큰 꿈과 원대한 목표를 갖게 되면 조급하거나 서두르지 않는다. 그것을 1~2년 안에 성취할 수는 없다는 것을 스스로 잘 알기 때문이다. 그렇다고 마냥 느긋해서는 목표를 향해 한걸음도 나아가지 못한다.

히말라야 세계 최고봉을 정복하려는 등반대는 8천 미터가 넘는 최고봉까지 단숨에 오르겠다고 생각하지 않는다. 어느 방향의 루트로 오를 것인가를 계획하고, 정상까지 여러 단계로 나눈다. 이를테면 어느 지점에 베이스캠프를 설치하고, 그 다음에 제2, 제3, 제4 캠프, 정상도전 등으로 단계를 나눈다.

꿈과 목표도 먼저 어떤 수단과 방법으로 향해 갈 것인지 구체적인 실천방안을 세워야 한다. 그 다음, 그 과정을 여러 단계로 나누어야 한다. 예컨대 정치가가 되어 마침내 대통령이 되겠다는 야심찬 꿈을 가졌다면, 첫 단계로 자신이 정치가로서의 자질과 역량이 있다는 것을 널리 알려야 한다.

그러자면 어떤 활동을 하고 어떤 경력을 쌓아야 할지 계획을 세워야 하고 그것을 실천해야 한다. 그 다음, 자신과 정치적 이념이나 정책이 맞는 정당을 선택해야 하고, 시의원, 도의원, 국회의원 도전 등의 단계를 밟아야 한다.

그와 같이 자신의 원대한 목표를 향한 구체적인 과정을 여러 단계로 나눴다면 각 단계가 모두 작은 목표가 된다. 그리고 그 작은 목표에만 집중해서 반드시 성취하겠다는 독한 각오로 추진해 나가야 한다. 등반대가 제2, 제3 캠프를 오를 때마다 그것이 정상을 향한 작은 성취들이 되듯이, 원대한 목표로 가는 한 단계, 한 단계를 완수했다면 그것도 분명한 성취이다. 바꾸어 말하면 목표를 달성하기까지 독한 각오를 견지하기 어려우니까 단계별로 나누라는 것이다. 그리고 단계마다 새롭게 독한 각오를 다지는 거다.

둘째, 확고한 목표의식이 있어야 한다.

최종 목표를 성취하기까지 기간이 오래 걸려도 처음에 세웠던 목표에 대한 집념은 절대로 흔들려서는 안 된다는 얘기다. 확고한 목표의식만 끝까지 유지한다면 성공할 가능성이 매우 높아진다.

외국에서 있었던 일이지만, 심리학자들이 교도소에 수감된 죄수들을 대상으로 한 가지 실험을 했다. 죄수들을 두 그룹으로 나누어, 커다란 물탱크에 물을 가득 채우도록 했다. 한 그룹에게는 아무런 조건도 제시하지 않고 3시간 안에 물을 가득 채우라고 했고, 또 한 그룹에게는 3시간 안에 물탱크를 다 채우면 모두 석방시켜 주겠다고 했다.

결과는 어떻게 되었을까? 아무 조건도 없이 무조건 물탱크를 채우라고 했던 그룹은 3시간이 지나도록 절반도 못 채웠다. 그런데 3시간 안에 물탱크를 채우면 석방시켜 주겠다고 조건을 제시한 그룹은 두 시간도 안 돼 물탱크를 다 채웠다.

이 결과가 무엇을 의미하는지 잘 알 것이다. 목표의식이 뚜렷하면 그만큼 목표달성이 빠르다. 설령 독한 각오는 흔들릴 수 있어도 반드시 성취하고 말겠다는 목표의식만 확고하다면 흔들리는 독한 각오를 다시 가다듬을 수 있다.

셋째, 마지막으로 '혼·창·통'이다.

몇 해 전, 경제학자인 이지훈 박사가 펴낸 〈魂·創·通〉이 베스트셀러가 되면서 한동안 큰 관심을 모았었다. 저자가 수많은 성공한 CEO, 사업가들을 인터뷰하고 분석했더니 그들의 성공요인에는 세 가지 공통점이 있었다는 것이다. 그것이 바로 혼·창·통이다.

혼魂은 꿈, 비전, 신념 등을 말한다. 기업이나 조직 또는 개인이 추구해야 할 분명한 목표와 이상이 있어야 흔들리지 않고 초지일관, 일사분란하게 발전해 나갈 수 있다는 것이다.

오래된 얘기지만, 미항공우주국NASA를 방문했던 어느 기자가 그곳 로비에서 우연히 마주친 허름한 유니폼 차림새의 나이 든 남자에게 물었다.

"당신은 이곳에서 무슨 일을 하십니까?"

"아, 저는 우주선을 달나라에 보내는 일을 합니다."

알고 보니 그는 그곳의 청소원이었다. 기자는 놀랐다. 모든 종사자들이 그러한 비전과 자부심을 가지고 있으니 그들의 목표는 반드시 성공할 것이라고 믿었다. 미국의 디즈니랜드 종사자들은 한결같이 "우리는 국민들을 행복하게 하는 일을 합니다."라고 대답한다는 것이다.

이러한 뚜렷한 비전, 목표의식 그리고 그에 대한 자부심이 바로 '혼'이다. 앞서 확고한 목표의식을 가져야 한다는 것도 그 까닭이다. 또한 그에 대한 자부심이 있다면 독한 각오를 가질 수 있고, 그 과정이 아무리 힘들어도 즐겁다는 것이다. 가슴을 벅차게 하는 비전이 사람을 움직인다고 했다.

혼이 씨를 뿌리는 것이라면, '창創'은 뿌린 씨를 거두는 것이다. 혼을 노력과 독한 각오(근성)로 실행해서 비전이나 목표를 현실로 바꾸는 과정이다. 말하자면 혼을 이루기 위한 집요하고 꾸준한 노력을 말한다.

또한 이 과정에서 끊임없이 '왜?' 하고 물으라고 했다. 그러면 열린다는 것이다. 뿐만 아니라, 실패를 두려워해서는 안 된다. 실패는 성공으로 가는 하나의 과정일 뿐이다. 실패나 시행착오가 없는 무난한 성공은 오히려 위험할 수 있다. 안이한 생각을 갖게 되어, 예상치 못했던 역경이나 위기에 대처하기가 어렵기 때문이다.

'통通'은 소통을 말한다. 기업이나 조직에서는 구성원들 간의 공통된 목표, 멀리 내다보는 비전, 그것을 성취하기 위한 모든 노력을 공유하는 것이다. 앞에서 예를 든 미항공우주국이나 디즈니랜드 종사자들의 경우, 소통이 아주 잘 이루어진 경우라고 볼 수 있다. 모든 구성원들의 혼이 통하고 있다. 그러기 위해서는 서로 마음을 열고, 또 서로 다름을 존중해야 한다는 것이다.

개인의 경우는 원만한 대인관계라고 할 수 있다. 그 누구라도 자신의 목표를 달성하려면 혼자만의 노력에는 한계가 있다. 많은 사람들의 도움과 조언을 받아야 한다. 그래서 통通에서는 "만나라, 또 만나라. 들어라, 잘 들어라."라고 충고한다.

많은 사람을 만날수록 좋다. 그리고 그들의 조언이 옳든 그르든 진지하게 들어야 한다. 그것은 어떤 형태로든 자신의 목표추진에 기여한다. 아울러 그런 과정을 통해 형성된 인간관계가 자신의 목표달성에 큰 도움을 준다. 혼·창·통을 되새겨 보면서 그것을 생활화한다면 삶의 무대를 더욱 확충시킬 수 있다.